木瞳

柔性的专断

——耶鲁女孩成长手记

郭　力
张玲玲　著

目录

第二章

点燃：当火柴遇上火柴皮

第三章

距离：过度关注即干扰

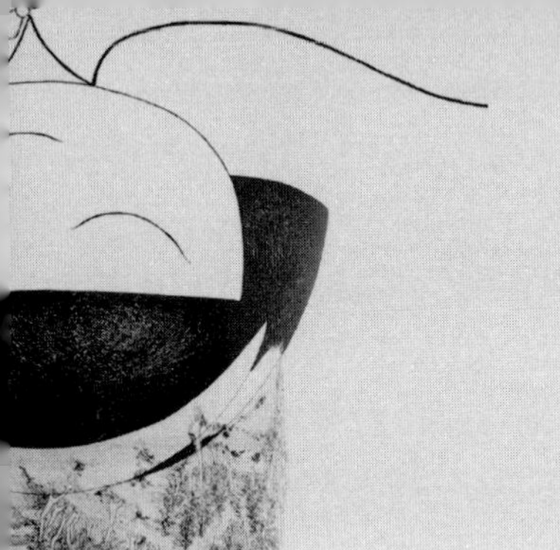

第四章

情商：生活即教养

第五章

远方：步履不停

第六章

见识：未来已来

第七章

分离：育儿当如待客

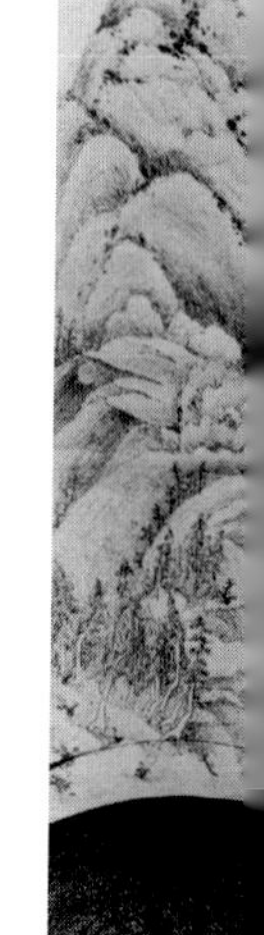

推荐序

愿这本书成为一个驿站

我还在《大西洋》杂志工作时，有一天中午和两个美国同事坐在楼下的户外餐厅，一边聊天一边吃午饭晒太阳。三个二十岁出头的女孩，不知怎的谈到了以后结婚生子的事。想想父母培养自己的过程，教育是件难事——大家一致感叹，然后一些奇奇怪怪的假设开始冒出来：

“现在想想，孩子成长不好，可能出岔子的地方真多。”

“可不是，我们能成长得这么正常，真不容易。”

“如果将来我的孩子吸毒上瘾怎么办？”

“如果我的孩子不尊敬爷爷奶奶怎么办？”

“如果我的孩子将来不喜欢看书怎么办？”

问题越来越匪夷所思，同事随着想象的延伸越来越焦虑。

我有点儿哭笑不得，忍不住打岔：“真的会这样吗？教育你的孩子喜爱看书，教育他们尊敬老人，引导他们不要吸毒，不就好了？这些事情不是在父母的控制范围之内吗？”

同事疑惑地看了看我，摇了摇头：“那可不一定。如果孩子注定会长成这样，父母有什么办法？”

听到这话后，我立刻释然。身在美国的第七年，我对这样的看法已经不再感到诧异，对其背后反映的文化价值观已经有些许了解。

如果孩子是一条小船，处在社会的湍流中，在中国传统文化里，父母是掌舵的船长，控制船的速度和方向，甚至未来的目的地。而在美国中产阶级的主流教育理念里，父母的职责是帮孩子移开河边的朽木和碎石，让小船能顺畅无阻地前行。从某种程度上来说，孩子从出生的那一刻起，就已经具备了独立的人格。

然而，不一样的理念背后，隐藏的是全世界父母对教育这一话题的共同探索和对自身教育方法的反思。在中国现有教育体系里，怎样才能使孩子拥有广泛的兴趣、聪慧的头脑和心怀天下的志向？在以鼓励为主，尊重孩子选择，宽容叛逆和崇尚个性的美国社会，怎样才能教育出中国孩子所具有的自制力、抗压力和吃苦精神？

或许正是这种不确定性让教育成了一个富有争议而又发人深省的话题。本书便是我的母亲在教育这门广博的学科中的一点感想。然而，教育不同于做饭，按照菜谱将油盐酱醋葱姜蒜一股脑儿加进去，就可以毫无悬念地做出色香味俱全的佳肴。市面上几乎所有由父母撰写的亲子家教书，似乎其潜台词在不同程度上都是："我们的孩子是个成功案例，且看我们是如何培养的。"

然而，教子真的可以取经吗？书中提倡的教育理想真的可以通过薄薄几页纸传达给迷茫的父母吗？类似"给孩子选择的权利""要选适合自己的路，才能走得相对优秀、相对快乐"这样的经验，通过学习素不相识的孩子的成长案例，难道比体会和自家孩子磨合的过程来得更刻骨铭心吗？

如同书中所述，教育的方法没有绝对的对错，而在我的朋友里，健康快乐的孩子大有和我的成长环境、家庭背景和教育方式天差地别的。若将许多家教书中的建议奉为真理，照本宣科地教育孩子，本身就与"让孩子自由成长，不被条条框框束缚"的希冀背道而驰，而我相信这样的希冀也是许多父母在书店拿起本书的初衷之一。

因此，作为本书的"主要案例"，我恳请阅读的父母带着审视的目光看待书中的词句，将它们当作看法而非建议，回忆而非经验。希望本书能够抛砖引玉，引发大家的思考和讨论。

在改革开放后的几十年里，中国的变化如同发达国家社会演变的快进版。现在的老人，当年的父母，在自己养家育儿时还在为最基本的生存需求挣扎，食不果腹，无暇照料年幼的子女，而子女长大以后却已经开始在“教子丛书”“育儿手册”中徘徊，将“蒙台梭利”和“杜威”教育理论挂在嘴边，他们的学习能力和吸收能力不得不让人感到赞叹和钦佩。在这样令人眩晕的飞速前进中，用更多的方法、理论和知识来为父母育儿添加更多的燃料，或许只会让已经超负荷的家长和孩子更加迷惑。或许是时候停下，让家长有时间思考前行的方向，听听孩子的声音。

请让本书成为这样一个驿站。

作者女儿　月月

自序

让我们成为理性的母亲

2012年，我在中信出版社出版了家庭教育图书《最好的教育是陪伴》，书中分享了我培养女儿的一些心得，受到了很多读者朋友的关注。近几年，我也应邀做过多次家庭教育经验的分享，并担任了澎湃问吧家庭教育与赴美留学主题吧吧主，回答了很多关于教育与留学方面的问题。在与家长们的互动中，我感受到目前的教育和留学环境与我女儿出国留学时已有很大不同，在“不能输在起跑线上”的焦虑中，很多家长对孩子教育的投入从孩子一出生就开始了。为了给孩子提供优质的教育资源，家长们尽己所能为孩子择校，学区房的价格不断攀升。各种课外班、兴趣班更是五花八门，令孩子们应接不暇。出国留学已经成为中产以上家庭为孩子提供的重要选择之一。

常春藤等世界名校更是成为中国成千上万优秀学子竞相追逐的梦想。在这样纷繁躁动的环境里，我常常会被家长们问一些问题，比如：您为什么要送孩子出国留学？上名校就意味着成功吗？您的教育经验可以复制吗？家庭教育中最重要的元素是什么？这些问题也引发了我深深的思考。

我本科和研究生都就读于北京大学，毕业后又在北京大学工作了十八年，在中国最高学府学习和工作的经历，使我对中国教育的利弊有深入的了解。改革开放的环境给我提供了了解西方教育的机会，使我能够将不同的教育理念和方式进行对比。我认为西方的教育并非完美无缺，但是它启发式、多元化的教育理念可以使孩子获得更广阔的视野，学会批判性思维方式，具备求知创新的激情，这对人一生的发展至为重要，也是我送孩子出国留学的主要原因。

我的女儿本科就读于耶鲁大学，研究生就读于哈佛大学，毕业于两所世界名校的背景让很多人歆羡不已。但我并不认为这就意味着成功。就读名校意味着接受了优质的教育，为今后的人生发展打下了良好的基础。名校毕业生身负更多的社会责任，应该有更宏大的人生格局，淡泊名利，踏踏实实做好自己喜欢而又有社会价值的事情。目前我的女儿在北京一家咨询公司做社会政策研究，业余时间读书写作，收入并不丰厚，但她非常满足。有朋友得知她的情况后，表示非常不解，觉得以她两个“藤校”毕业的背景，即使没有高薪的收入，也应该有个美国的身份。我对此一笑置之。我在一篇文章中看到过关于留学目的的一段话：“出国学到的就两样东西：一种是去到任何国家、任何人都不认识的地方都能生存下去的能力，一种是名车豪宅也动摇不了愿意每天坐公交去实现简单梦想的平淡心态。这两样足以让一个人受益终身。”这段话深得我心。

身为“藤妈”的我，经常被家长问：你是如何培养孩子的？甚至有家长说：我也想把孩子送进耶鲁大学，您能告诉我如何做到吗？对此我想说，每个孩子都是独特的个体，没有一套通用于所有孩子的教育方式。所谓“别人家的孩子”是不能被复制的。每个孩子都有其潜在的美好神奇的天赋，我们需要通过教育将其发掘出来，并使之发扬光大。进名校并不是教育的目的，教育的目的是培养人格完善、身心健康、具备一定知识水平和社会责任感的人。因此，只要孩子具备责任感、独立性，拥有认真努力、善良博爱的品德，一样可以成为有用之才。

有了微信等交流工具以后，我认识了很多优秀的家长，看到很多探讨家庭教育之道的好文章。这让我对什么是家庭教育最重要的东西有了更深入的思考。我的结论是：家庭教育最重要的元素在于家长的自我教育、自我成长能力。在社会环境千变万化、知识结构不断更新的今天，家长的这种能力尤为重要。做父母是一生的修行，家长只有通过不断学习，开阔视野，更新自己的知识结构，升华自己的人生境界，提高教育和沟通的艺术，才可能培养出优秀的孩子。

路漫漫其修远兮，让我们和孩子一起成长！

郭　力

第一章

独特：挖掘辨识度

每个孩子都有自己独特的性格特点。

父母能够做的，

只能是从孩子日常生活一点一滴的言行举止中

发现他天性中最根本的东西，

然后因势利导，

把这些特点朝有利于孩子发展的方向去培养。

发现不同于细微处

——从孩子的天性看未来

每个孩子的天性中都有非常好的东西，只要父母善于引导，这些天性都能转化成他们生命中的正能量。

月月才四五个月大。有一天我带她去姥姥家，把她放在小床上哄睡着之后，我们大人就在一旁聊天。正聊得热闹呢，突然听到哼哧哼哧使劲的声音。回头一看，月月醒了，不哭也不闹，正在自己翻身呢。其实那会儿她还不会翻身，但那天不知怎么了，她一遍遍地使劲翻，小脸憋得通红。一次翻不过去，翻第二次；第二次还翻不过去，使劲喘两口气再来……就这样折腾了不知道多长时间后，小月月终于完全凭借自己的力量和努力成功地翻过了身。这是她人生中第一次翻身！我妈在旁边看了很久，感叹了一句："她这股劲头，你们谁都没有……"

从这个细节，我深切地看到了女儿身上霸蛮的一面。湖南人说的“霸蛮”，意思是做事特别拼命、努力、较劲。后来的事实证明，月月的性格中确实有相当大霸蛮的成分。她做事情努力、好强，对自己感兴趣的事力争做到完美。比如，她从小性格外向，平时跟任何人沟通交流都没有问题，就是演讲的时候容易怯场。她曾经写过一篇作文叫《恐惧演讲》：“我这个人特别爱神侃，跟人神侃的时候话很多。但不知道为什么，一上台演讲，就浑身发木，直冒冷汗，特别紧张……”上中学时，因为月月在学生会任职，学生会的工作对演讲能力有需要也有要求，她自己就有意识地、努力地克服这个弱点。初中时她参加学生会的竞选需要演讲，之后在美国也经常需要在课上公开发言……慢慢地，月月把演讲恐惧症这个弱项的“坑”填平了，在后来的课外活动、申请留学的过程中，演讲能力也起了很大的作用。

霸蛮，是典型的事业型性格，对学业和职业来说是相对较好的特点，但从我的理性角度来看，如果生活中对己对人要求都很高，身边的人容易累，自己也容易累。所以我经常在一边提醒她，对于某些事情，不要那么要求尽善尽美。

常言道：“江山易改，本性难移。”每个孩子的性格特点，有许多是后天养成的，但也有一些是天性中的东西，无法改变。父母能够做的，只能是从孩子日常生活一点一滴的言行举止中发现他天性中最根本的东西，然后因势利导，把这些特点朝有利于孩子发展的方向去培养。

日常生活中，我不放过任何一个观察月月的机会。比如她学走路的时候，我通过比较她和其他孩子的不同，总结出她性格特点的另外一面。有的孩子学走路时起步就跑，摔倒了也不哭，爬起来再跑。这样的孩子往往都很勇敢，性格中有不怕吃苦、冒险的成分。月月不同，她刚开始会扶着墙，一步步迈得很慢，这一步迈稳了，才敢抬起另一只脚继续，渐渐走稳了，再慢慢松开扶着墙的手。当时我就觉得她将来会是个行事理性、周密的人，不鲁莽，但也不过分谨慎。机遇到来的时候，她也能毫不犹豫地抓住。

人的性格都是复杂的，就像月月自己在博客上所说："我这人很矛盾，有一点儿霸蛮有一点儿懒惰，有一点儿清高有一点儿世俗。"父母只有仔细再仔细地观察孩子在生活中的每一个小细节，才能看到他们性格的多面。我一直相信，每个孩子的天性中都有非常好的东西，只要父母善于引导，这些天性都能转化成他们生命中的正能量。

给孩子选择的权利

月月小时候，我们家的保姆换得比较频繁，但她并没有因为换了带她的人而哭闹。我上班临走时，她也从不会像别的小孩一样追着哭喊。这些都让我觉得，这个孩子天生比较容易适应环境，比较好带，但同时这样的性格也让她不太容易专注。她从小兴趣很广泛，但一两个小时专注于一件事情对她来说有点儿困难。

果然，上学后，不太容易专注的月月就给我带来了小困扰：有时候她写作业需要很长时间，原因就是注意力不够集中。针对这个情况，我找了个机会跟她直说：如果你注意力集中的话，写作业可能就不需要那么长时间，那么你休息的时间、玩的时间就会更长。但我也不会跟她讲得太多，因为我明白性格中的弱点不是说改就能改的。有些改变需要过程，而且需要一段相对比较长的时间。如果操之过急，反而会没有效果，甚至适得其反。

克服天性，真不是一朝一夕的事，大人都做不到，又怎么能强求孩子？父母要做的，只是在孩子成长的过程中，在该分析、提醒的时候做到分析、提醒，在孩子能理解的范围内把话讲透，激发孩子主观上注意，启发孩子自我纠正。但纠正需要时间，在这个过程中父母要稳住，不必过分焦虑。

我是比较早开始就习惯和女儿进行利弊分析的。遇到我们达不成一致决定或者她难以选择的事情时，我会和她一起把各种如果怎样做会造成什么样的结果分析清楚，然后告诉她：你可以选择这样，也可以选择那样，我们尊重你的选择，只要结果你能承担就可以了。

给孩子选择的权利，这样他不但会有被尊重的自信，还会有为自己做主的成就感，也会有要为自己的选择负责的责任心，而不只是履行父母强加给他的意志。

月月很喜欢唱歌，上小学时参加了合唱团。但到五年级时她面临一个选择，而且是必须面对的选择：放学后的时间就那么固定的一小段，合唱团要活动，数学小组也要活动，时间冲突。数学小组的老师明确告诉她，如果参加合唱团，就没法参加数学小组，但参加数学小组可能会对小升初有所帮助。她回来把这件事情告诉了我，我说：“你自己选择。如果你非常喜欢合唱团，放弃数学小组也没关系。只是升学时，你们老师说他不负责，咱们也没有资格去找人家。你想不想上好中学呢？如果想，那放弃数学小组，上好中学的机会就可能会失去。我知道数学小组不是你热爱的事，但你必须做一个选择，你自己来决定。”后来，经过两天考虑，她告诉我，她选择数学小组。

帮忙分析利弊，再把选择权放到孩子自己手里。最终，女儿还是按照我最初的设想做出了选择。父母想让孩子做什么的时候，要用巧妙的方式去引导，让他以非常自然的方式接受，而不是命令他必须怎么样。任何一个人都不愿意接受强加在自己身上的东西，父母也要设身处地地换位思考。教育是一件论艺术而不是论辛苦的事情。

创造环境，给孩子时间

当然，作为一个生活在状况百出的现实生活中的母亲，我也无数次焦虑过。比如有段时间月月沉迷于看漫画，放学后、节假日，一看就是好长时间。我心里确实着急，也明确跟她谈过：如果你把看漫画的时间都放在学习上，成绩会更好。但这么说了以后作用不是很大，因为她实在是喜欢漫画。我虽然着急，但还是强压着心里的担心和焦虑，努力说服自己适应她的“规律”，同时暗暗祈祷哪一天她能自己调整过来。上了高中，学习更忙了，学校里的活动也更多了，她渐渐没有那么多时间分配给漫画，因为有比看漫画更重要的事情等着她去做，看漫画的时间慢慢就少了。我暗暗松了口气，同时也庆幸当初没有压不住焦虑对孩子进行担心“轰炸”。

有些事情，父母没必要那么着急。一看到孩子的毛病，就火急火燎地恨不得今天说了他明天就得改，我觉得这挺难做到，而且效果往往也不好。慢慢来，给孩子时间，也给自己时间。

另外，针对月月容易适应环境的特点，从她小时候开始，我就一直比较注意给她创造各种环境，鼓励她与各种人交往。我们家请家教很早，让孩子参加独立夏令营也比较早。月月6岁时，还没什么孩子在幼儿园全托，我让她全托了一年，就是为了锻炼她的独立能力。

事实证明，在班里只有几个全托的孩子的现实情况下，其他全托的孩子放学时看到别的小朋友被爸爸妈妈接走了会很失落，但月月就完全不会，一个星期不回家对她来说不算煎熬，她在幼儿园过得挺快乐。她回到家还给我讲，有的小朋友因为想妈妈要从幼儿园逃跑，对此她很不理解。为什么要跑？不是挺好玩的吗？上小学时，她一个人参加夏令营，玩得很开心，适应起来没有太大困难。

在这种强化锻炼下，月月天性中适应外部环境的部分发展成了性格优势，遇到陌生环境她总能很好地融入，而且能够很快找到朋友，每次回来她都有许多收获和我们分享。这种优势让她不论走到哪里我们都不会担心，因为我们相信她能搞定一切。

月月从小朋友就很多，虽然有时候对别人要求高，但她性格中也有很多优点。比如她非常外向，很坦率，经常跟人说心里话；她仗义又热情，她成绩好，别的同学来问问题或者寻求帮助，她从来不藏着掖着，总是尽全力给予帮助；她不小肚鸡肠，不好嫉妒，真心欣赏可以与自己竞争或能力比自己强的人。遇到活动或者聚会时，她永远是干活最多的那个人。

在月月五年级时，班里期末投票，她被评为“热爱集体第一”。月月是热爱集体第一名，这让我觉得很欣慰。很多家长在培养孩子的过程中，常常特别看重孩子本身、孩子与家庭本身，而忽略对孩子大情怀的塑造和培养。在这方面，曾经发生在我同事身上的一件事让我印象极深：有一次，她去儿子的学校开家长会，会后班主任让她留下，同事当时心里特别紧张，不知道学习成绩非常好的儿子在学校“闯了什么祸”。后来老师告诉她，孩子的学习不错，其他方面也不错，就是有一个小缺点——不热爱集体。同事告诉我，她听到这句话时心里大松了一口气——“这算什么缺点?！”

但我觉得这是很大的缺点。

女儿从小到大，我和先生始终鼓励她为别人服务。我们一直认为，孩子应该有很强的服务意识——对社会，对所在的集体，对周围的环境和人。这一点是我们在培养孩子的过程中极为看重的。我不愿意让孩子成为一个只注重自己周围五平方米之内世界的人，一个狭隘、吝啬的人，一个不愿意付出的人，一个对他人或集体没有担当的人。

家庭是孩子人生中的第一所学校，也是极为重要的学校。家庭在孩子性格底色中所铺就的一切，将会对孩子的一生产生至关重要的影响。如果父母不仅教会孩子“独善其身”，还能把“兼济天下”的情怀赋予孩子，那将是教育的理想境界。

不说『儿语』

——营造丰富规范的语言环境

孩子的语言发育不是在自说自话中完成的，而是和身边的人不断交流的结果。如果每天和孩子交流的人说话规范、词汇丰富、表达力强，孩子的语言发育会在自然而然中达到比较好的效果。

有时在小区里散步，我经常能看到带着孩子出来遛弯的爸爸妈妈、爷爷奶奶，几个大人簇拥着一个宝贝蛋似的小人儿：“宝宝，看那边，有个好漂亮的车车！”“乖乖，该回家家喽。爷爷给你做了蛋蛋……”这些大人捏着嗓子说出的一串串充满叠词的“儿语”，总能让我情不自禁地微笑起来，自然而然地回想起女儿处在那个阶段时我们跟她说话的情景。

我记得月月1岁9个月的时候，有一件事，我和保姆阿姨都认为她不对。我们问她：“你错没错啊？”她低着头不吱声。阿姨抱起她来继续笑着问：“月月你是不是错了？”这回月月点头了，但还是不吱声。我再问她：“那为什么你不承认错误？”这时候，她一下子蹦出来一句让我惊讶了好久并且一辈子都忘不了的话：“我不好意思。”

后来，我把这件事说给家人和好朋友听，他们都不信，觉得我夸张。“那么小的孩子，还知道不好意思?！就算知道不好意思，也不可能自己表达出来啊。”我没有坚持和大家争辩孩子“知道不知道”或者“能不能”的问题，但是心里很高兴：事实证明，自己对女儿坚持的语言教育是见效的。

从月月出生开始，我和先生就没有跟她说过任何“儿语”。“吃饭饭”“坐车车”“睡觉觉”这类词语几乎从不在我们家大人的嘴里出现，包括带过月月的几个保姆，我们也都会提前叮嘱。之所以这样做，除了家里的语言习惯之外（我和先生小时候都没有被各自的父母讲过“儿语”），还有很大一部分原因是刻意为之。我是语言学专业出身，知道孩子的语言发育水平与父母所营造的家庭语言氛围有非常大的关系。平时每天在家里和孩子说话的人的交流方式、说话习惯，一定会影响孩子的语言发展，因为孩子学习语言最主要的方法就是模仿。如果经常跟孩子交流的人总是说“儿语”，或者很不规范，或者比较粗俗，孩子肯定会模仿。

女儿从小到大，我从不把她当成一个婴儿或者孩子来对待，而是尽量把她放在一个可以与我正常交流的“人”的位置上与她对话。有朋友问我，孩子这么小你就这么成人化地跟她说话，她能听懂吗？我觉得完全没问题。月月会说话不是很早——1岁2个月，但她一开始说话就会用相对比较长的句子，也能表达稍微复杂的意思，比如那句“我不好意思”。她几乎没有过“妈妈”“爸爸”“糖”“玩”这样单独蹦词的阶段。就算在她不会说话的阶段，我跟她交流，也会尽量用简单的句子，但从来不用“儿语”。

虽然也有朋友跟我说，“儿语”是针对孩子特殊时期的对话方式，能够让孩子在很小的时候感受到家人对他的疼爱和优待，让孩子产生一种被爱充分包围的感觉，这样对他也是有好处的。但我的想法是：从孩子语言发育的角度考虑，应该尽早让他学会规范的语言。凡是语言发育比较好的孩子，肯定是从小生长在语言素质比较高的交流环境里。孩子的语言发育不是在自说自话中完成的，而是和身边的人不断交流的结果。如果每天和孩子交流的人说话规范、词汇丰富、表达力强，孩子的语言发育会在自然而然中达到比较好的效果。这是我凭自己的专业知识和对生活的观察得出的结论，并且把它运用到了对女儿的教育实践中。

事实证明，效果不错。

我有一个同学也是像我一样，尽量使用规范的语言和孩子说话。我们把孩子带出来一起玩的时候，他们家小家伙说的话经常让我感到惊讶：那么小的孩子，不仅能说很长的句子，连形容词、虚词都用得很恰当。我夸奖同学的孩子有语言天赋，同学告诉我："这和我们跟他怎么说话有很大关系。我们跟他说话一直都很规范，成语、虚词，该用就用，不会因为他是孩子就刻意回避。孩子第一次听肯定也不懂，但次数多了，时间长了，他就会慢慢明白，不仅明白，还会比较准确地使用这些语言。"

语言发育与孩子的心理发育直接相关

另外，孩子的语言发育还和心理发育有直接关系。比如在孩子说话早期，"我""你""他"这样抽象的人称代词对他们来说很不容易理解。比如妈妈自称"我"，爸爸自称"我"，保姆阿姨也自称"我"，孩子就会不明白"我"到底是谁，但要是说"爸爸""妈妈""阿姨"，他就知道是谁。这是因为孩子在这一阶段内没有抽象的概念，只有具体的概念。所以，很多孩子在小时候都会有一个时期用名字来自称："婷婷要吃饭""聪聪玩""雯雯下楼"……不会做比较虚化的表达，只能做具象的表达。所以，当1岁9个月的月月说出那句“我不好意思”时，大人才会表示不相信。因为“不好意思”虽然只有四个字，却是比较虚化的表达，对只能做具象表达的孩子来说的确很难拿捏。

在儿童心理学上，孩子自我意识的形成是一个非常重要的阶段。在孩子没有“自我”和“他人”意识的时候，可能觉得妈妈的世界是他的世界，爸爸的世界是他的世界，保姆阿姨的世界也是他的世界，不知道自我的世界是什么。而当他会说“我”时，说明他的自我意识已经开始形成，慢慢清楚地知道哪些是自己需要的，应该怎么表达，怎么与他人交流。

月月没有用名字自称的阶段。她一开始说话不用主语，就说“吃饭”“玩”“吃糖”……但不会说“月月吃饭”“月月玩”“月月吃糖”……后来慢慢地，她学会了说话带主语，就直接说“我”怎么怎么样。从理论上来说，这样的孩子自我意识形成得比较早，自我意识也比较强，对自我的强调和认同也相对更清晰一些。这些都在月月日后的性格特点中显露无遗。

缺乏自我意识或者自我意识不完善的人，社会交往能力往往会有问题。对孩子来说，比较早地形成自我意识，是独立意识、自我意愿的表达，也是未来社会交往能力的重要基础。

家庭影响虽然重要，但并不是绝对的

除了说话，孩子的沟通交流能力的养成，父母对孩子的示范也同样非常重要。从月月小时候开始，我就有意识地带她去各种场合，包括很多工作场合，只要条件允许，都会带她去。我在跟人谈事、聊天的时候，她就一边看，一边听。从大人的沟通气氛和结果中，孩子能感到人与人之间顺畅的交流原来是一件能带来愉悦感的事情，自然也就不会对与人交流发怵，反而会有些向往和跃跃欲试。

另外，和月月讲话时，说到一些她认识的人，不管人前人后，我从来不直呼其名，都是“某某叔叔”“某某阿姨”“某某哥哥”“某某姐姐”……这会让孩子形成一种良好的礼貌习惯。这种习惯会令她在人际关系中处于受欢迎的位置，自然会对她与人交流的积极性带来正面影响。

而这种影响使她长大后成了很喜欢跟人打交道、跟人交流的人。她不惧怕陌生环境，不认生，到一个新环境里，很快就跟人混熟了。这与天性有关，也和我们的言语细节给她的教育有关。

家庭是孩子的第一个语言课堂，孩子的语言发育水平不可避免地要受家庭的影响。但就像这世界上所有的事物都有两面性一样，从包括语言发育在内的孩子成长的各方面来说，家庭的影响当然不是绝对的。

月月在耶鲁大学有一个同学，从小家里没有刻意给孩子施压，也没有督促孩子出国。但这个孩子的独立能力特别强，高中时凭自己的能力考上了当地非常有名的外国语学校。他在北京参加英语竞赛时认识了比他年级高的外地同学，那位同学正在申请国外的大学，他从那位同学那里了解了整个申请过程。回到成都后，这个男孩自己在校外租了间房子，课余时间就在网吧里做自己的留学申请。最后他申请到了耶鲁大学。进入耶鲁后，从大二开始，他就不再需要家里提供生活费了。他的交际能力、生存能力、领导能力都很强……这些能力不完全是父母给的，相当大一部分是孩子的自我塑造和成长。

所以，在孩子小的时候给他提供一个规范的语言环境固然很重要，但在之后的幼儿园、小学、中学、大学阶段，孩子仍然在不断地成长变化。如果家庭语言教育早期有什么不足，尽量通过后期的教育来弥补就行，家长没有必要过分焦虑。

多多尝试，勇敢叫停

——要不要报兴趣班

父母的责任是从小发现孩子的兴趣，培养孩子的兴趣，而不是强迫孩子做一些他们根本不感兴趣的事。而发现和培养兴趣的前提，是事无巨细的认真观察。

月月7岁时，曾经学过一年的电子琴。但在这一年学琴的过程中，我发现她其实对学琴这件事并不是真正喜欢，家教老师上课时她一点儿都不投入，勉强练习只是为了敷衍给她请老师的我。发现这一点后，没有跟她商量，我就告诉老师我们不上课了。跟老师告别的时候，月月没说话，但默默地哭了。我问她哭什么："你是很想学，还是很委屈？"知女莫若母，根据平时对她言行非常仔细的观察，我知道这两者都不是让她哭的原因，真正的原因是停课这件事带给她的挫败感。月月从小就是个好强的孩子，尽管学琴对她来说是个负担，但是给她终止了，她又觉得是对她的否定。

等到老师走了，我平心静气地告诉月月：“你要是真的想学，咱们就继续。”她低着头不吭声。看她这样，我拍拍她的肩膀走开了，若无其事地该忙什么忙什么，好像学琴这件事压根儿没有发生过。一段时间之后，她的情绪慢慢平复下来，坦白告诉我，她当时哭不是因为学不了琴，就是因为挫败感。

女儿学琴的短暂经历告诉我：当发现孩子在某个方面没有兴趣也没有特长的时候，父母应该勇敢地叫停。

除了学琴，我身边的朋友、同事，包括我自己在内，都给孩子报过各种各样的特长班。就月月来说，我带她学过琴，画过画，练过书法，学过游泳、奥数、作文……我不盲目地否定特长班，因为报班的过程是发现孩子兴趣特长、对孩子进行兴趣培养的最好机会。父母一定要在这个过程中仔细观察：孩子在这个方面是不是有天赋？是不是有兴趣？如果孩子有天赋并且有兴趣，或者二者有其一，父母就可以鼓励并支持孩子坚持，努力把孩子的兴趣培养成为特长，这对孩子将来的发展会有好处。

没有哪个孩子什么兴趣都没有，只能说是父母没有发现孩子的兴趣。孩子总归是有喜欢的东西，如果父母给孩子报了各种班，却发现他在哪个方面都没有表现出特别的兴趣和特长，只能说明父母选择的这些不在孩子的兴趣范围之内。

父母的责任是从小发现孩子的兴趣，培养孩子的兴趣，而不是强迫孩子做一些他们根本不感兴趣的事。而发现和培养兴趣的前提，是事无巨细的认真观察：观察孩子在生活的点滴细节中流露出来的个性特点，观察孩子对周围人和事的偏好，观察孩子在某个方面有无特别的天分……这样，即便给孩子报的特长班他都没有明显兴趣，父母也可以根据孩子的个性因势利导。

带孩子多多去体验。比如去野外接触大自然，去动物园看动物，或许父母会发现孩子对旅行、户外的独特兴趣。月月小时候，爸爸带她去故宫，一天下来，累得不行，她还兴致勃勃，毫无倦意。也就是从那个时候开始，我们发现了女儿在历史人文方面的潜质。直到现在，她都很喜欢到很远的地方旅行、采风，每次回来都会有不同于他人的体会和收获，这对她从事写作工作好处良多。

守护孩子的赤子之心

月月有一个好朋友，从小学习中提琴，后来到了小学、中学，她一直都在坚持学。她妈妈曾经很无奈地跟我抱怨：中提琴老师不太好找，每次带孩子去学琴的地方都离家很远，而且学费还比小提琴贵，觉得很辛苦，也很麻烦。但有一次这个女孩来我们家玩，我问她：“你为什么喜欢中提琴呢？”她扬起小脸一本正经地跟我说：“阿姨，你不知道，中提琴的声音可优美了！”

那一刻，我突然很感动，一个七八岁的孩子，形容她热爱的东西时那种肃穆的表情，直到现在仿佛还历历在目。后来我不断鼓励她妈妈：孩子有这个兴趣，我们求之不得！再远也要坚持带她学。现在，女孩一家已经移民加拿大，她考上了多伦多大学，还参加了学校的乐团，她心爱的中提琴一直陪伴着她。每次我从女儿那里听到关于她的近况都很高兴。一个孩子能够找到自己真正的兴趣所在，其实很不容易。所以父母一定要尽全力，守护住孩子对爱好和兴趣的赤子之心。

每个孩子的特点与个性都不相同，大人都知道这样简单的道理：我们不愿意做的、不感兴趣的事情就不会有发自内心的动力去完成。更何况天性不应该受到过度束缚的孩子呢？在月月从小接触的兴趣班中，那些我渐渐发现她既无天分也不感兴趣的，比如乐器、书法等课程，我都果断地给她停掉了，只留下那些她感兴趣的鼓励、培养，比如写作。只要她喜欢，我们就尽可能地让她的兴趣得到最大满足，帮她在这个方面把潜力充分发挥出来。

月月不喜欢弹电子琴，但是喜欢唱歌。她小学时就参加了学校的合唱团，学得特别认真，每次排练回来都会兴奋地拉着我说半天："妈妈，老师指挥我们几个音部配合起来，可好听了！"尽管她在这方面天分一般，但她非常认真，而且很早就能体会和欣赏合唱的美。所以那时候只要音乐厅有好的童声合唱演出，我就一定会买票带她去听。每次听完她都特别激动，跟我分享她最喜欢的男声部的精彩片段……

这个兴趣她一直保持到现在，进耶鲁大学之后她还一直想参加学校的合唱团，但可惜水平有限，没有入选。不过她也没有因此而沮丧，在学习之余还是保持着对合唱的热情。前几年，耶鲁大学的合唱团来北京演出，她还买票邀请我跟她一起去听。听完后她一脸满足的光彩，我知道那是音乐的魅力感染着她的心灵。为她高兴的同时，也暗自庆幸当年自己对待孩子兴趣"多多尝试，勇敢叫停"的策略奏了效。

要细心观察，也要步步为营

从某种意义上说，每个孩子都是父母的作品。作品质量如何，考验的是父母的功力与水平。"教育孩子是一门艺术"，我一直很欣赏这句话。要成就这门艺术，需要父母对细枝末节的观察，也需要步步为营的细心。

在报特长班的过程中，我发现了月月的写作天分。上作文班的时候，她经常有优秀的作文被老师当范文在全班阅读。直到现在，我还记得她的一篇作文，讲的是一只小鸡被她养大，又被妈妈杀掉吃了的故事。我们没有养过鸡，但是她把养育小鸡的过程叙述得非常动人。我还记得当时作文班老师的评语："这样的作文不是我们教出来的，是天分。"

从月月小时候开始，我就有意识地培养她的阅读习惯，发现她在阅读写作方面的天分后，就更加着力地培养。我经常带她去书店，以至于童书部的店员都认识我们。在书店她可以自己选择喜欢的书，对哪本有兴趣就让妈妈买哪本。所以在感兴趣的前提下，她阅读了大量的书籍。而这对于写作来说是一种正能量。同时，这让月月得以在把天分和兴趣升级为特长的路上越走越宽，越走越远。

自信是孩子的最佳驱动力

——从兴趣到特长

对自己喜欢的东西，孩子会愿意努力做好，做好了，孩子的自信心就会受到很大的鼓舞，继而会对其他事情和这个世界都充满自信。而这种自信，对孩子来说至关重要，是他从小到大与这个世界相处的最佳驱动力。

有一天看电视，一个节目正在辩论要不要对孩子进行早教。正反两方嘉宾争得面红耳赤，不亦乐乎。正方说“要”，理由是，对孩子的教育是贯穿一生的功课，如果错过了童年启蒙的关键时期，就等于没给孩子及时“开昧”，孩子的智力得不到最大化的开发。反方坚持“不要”，理由是，如果孩子从很小就进入学习的状态，会失去童年的快乐，那么小就要承受学习的压力和负担，对孩子是一件很残酷的事。最后，反方的结语令我印象尤其深刻：任何人，都没有权力剥夺孩子享受童年的权利。

那么，早教到底要不要进行呢？相信每位家长都会根据孩子的具体情况做出自己的判断和选择。就我个人来说，我也曾像很多妈妈一样，不想错过孩子的每一个“最佳时机”，想在月月认识、了解、吸收每一种营养的最好时机，把她“喂”得饱饱的，让孩子从小在各类精神营养方面获得最大的收获和满足。月月小时候，我也给她报了很多兴趣班，只不过那时候我们的选择还不像现在这么丰富多元，父母和孩子受到的诱惑和干扰相对少一些。

但选择不管是多还是少，最终落在自己的孩子身上，到底选择几种，一贯比较理性的我有两条原则始终不变：第一，不给孩子造成负担；第二，孩子感兴趣，在这个过程中能感到快乐。如果符合这两条原则，我不排斥早教班，也不排斥各种兴趣班，能让孩子在快乐饱满的情绪中学到东西，何乐而不为呢？但如果孩子感到痛苦、不适应，就没必要学了。

一切从孩子的感受出发

对女儿月月，我一直就有早教的意识和行动。比如，在她很小的时候就开始引导她阅读，给她买各种可以开发智力的玩具，陪她做有趣的益智游戏，还比较早地给她请了英语家教。我记得第一次把一个北京大学英语系的姐姐带到家里的时候，月月只有5岁。其实那时所谓的“家教”，也就是让这个姐姐带着她玩，陪她聊天、做游戏，玩的过程中穿插一些英语的词语练习和对话。我们没有什么具体的目标期待，就是希望月月能在游戏里接受英语的熏陶，为她提供一个语言习得的环境。

我曾经读过一本书，讲的是国外的一对夫妇教育孩子的故事：夫妇俩都是教育专家，非常重视孩子的阅读，他们认为阅读是对孩子进行人文熏陶的最好方式。所以，他们家有一个习惯：每天花一两个小时阅读经典名篇，大家一起坐下来听。可惜他们家三个孩子都是男孩，让他们一动不动地坚持坐一两个小时，简直比登天还难。即便是夫妇俩强制孩子坐满了这一两个小时，阅读的效果也并不像之前想象的那样好。于是有一段时间，那位妈妈特别苦恼，因为她认为阅读是非常有益的，如果不坚持进行，她想对孩子施行的教育就势必达不到预期的效果。苦思冥想中，她灵机一动，尝试了一种新的方法：让男孩们在房间里随意进行他们喜欢的游戏，妈妈或爸爸在一旁阅读。你玩你的，我读我的，让名篇名段像背景音乐一样伴随孩子们玩耍。

后来发现，这种看似十分“不认真”的形式，竟然起到了良好的效果！男孩们长大后都对父母曾经读过的东西记忆犹新。随着年龄的增长，他们还能做出属于自己的解读……

这个故事更加坚定了我对早教的看法：在轻松活泼、孩子喜欢的游戏氛围中进行早教，是完全可行的。

早教不意味着开发所有潜能

不过，对孩子进行早教并不意味着把他体内的所有潜能全都开发出来。如果在某一个方面没有找到合适的方式，也不是非得那么早不可。月月的数学思维形成得比较晚，小学之前，在同龄孩子里面，她的数学反应能力属于非常一般的。这是因为在她小时候，我们没有明显地观察出她有这方面的兴趣，也没有找到好的方式让她在愉快轻松的气氛下学习数学，就没有勉强非得对她进行数学早教。她上幼儿园大班的时候，有一次我在教室窗外看她上课，老师带着小朋友一起数数或者算数时，有的孩子反应特别快，月月反应就非常一般。

但后来，当年那个反应特别快的孩子，却没有顺利地度过初中的叛逆期，成绩迅速下滑，后来父母花钱把他送到国际学校，又把他送去国外读大学。小时候突出的数学天分，并没有给他日后的发展带来多大的帮助。

所以，孩子童年时所谓的“启蒙”“智力开发”，家长大可不必看得那么重要。如果非得让孩子在“桎梏”里接受早教，还不如不教。

我知道这时候肯定有人会说：“那我的孩子不就输在起跑线上了吗？”

其实，孩子的人生是一场马拉松，是耐心与耐力的考验。要让他每一个百米都跑第一，跑不了第一就大呼失败，是非常不理性的观念。童年阶段跑在前面的孩子，并不意味着后面的漫漫长路他就能一直领先；童年阶段起跑晚或者跑得没那么快的，也未必不会在人生的中程或者后程拔得头筹。

在孩子上小学以前，我觉得他的各种所谓“技能”都是可以当作兴趣来学习的。当然，这个兴趣必须是他喜欢的。对自己喜欢的东西，孩子会愿意努力做好，做好了，孩子的自信心就会受到很大的鼓舞，继而会对其他事情和这个世界都充满自信。而这种自信，对孩子来说至关重要，是他从小到大与这个世界相处的最佳驱动力。

在孩子成长的每个阶段，家长都应该谨记六个字——切勿急功近利。

广泛阅读是最好的人文教育

——尽早向孩子开放自己的书架

有些书，一个人如果不在童年时读到它们，不曾在童年时代为它们动过真情、流过眼泪，那么这个人的本性和他的整个精神在他长大之后，就可能有所欠缺，甚至“将是愚昧和不文明的”。

可能是因为自己学语言学专业的原因，我从月月很小的时候就开始注意给她在阅读方面下功夫。她童年时，国内的儿童图书资源不像现在这么丰富，更没有网上书店，唯一可以买书的地方就是实体书店。即使是书店里，好的儿童图书也比较少。所以，我去书店特别勤，几乎每个周末都要去。一见到好书就迫不及待地买回家，读给月月听。

如果遇到特别喜欢的故事，月月会要求我们反复给她念，她反复听。我后来听好多朋友说他们的孩子也是这样，一个故事恨不得让爸爸妈妈讲100遍，有时大人觉得孩子肯定都能背下来了，他还在那里扬着小脸要求“再讲一遍”。有人抱怨孩子真麻烦，弄得大人很累。我就劝他们遇到这种事千万不能对孩子不耐烦，因为这是孩子在对他的喜好和选择做强化记忆。对父母而言，这也是加强和引导孩子阅读兴趣的最好机会。聪明的家长会在这个时候对孩子有求必应，一千遍也要耐心地读，耐心地讲。聪明的家长更会倍加珍惜这个过程，它是培养良好互动亲子关系的好时机。

后来，等到月月稍微大些了，我每次去书店都带着她，我看我需要的书，她看她喜欢的书，我会让她自由选择。临走时，她会把自己挑好的书递给我。对她选中的书，我几乎从不挑挑拣拣，“这本不行”“那本不好”这类话，从不会在我的嘴里出现，只要是她看中的，我会一律为她买下来。

好多家长可能会说：那么小的孩子懂什么？让她自己选，万一挑的书不合适怎么办？在这方面我一直相信：阅读，是孩子认识这个世界非常重要、非常有效的途径。书籍会给孩子打开一扇宽大豁亮的门，让他接触、认识、了解一个前所未有的广阔世界。其实，人一生中相当大一部分知识都来源于读书。不喜欢阅读的孩子，他丧失的不仅仅是人生中很重要的一种学习能力，同时也失去了从书中体验到丰富的情感和多种多样的人生观、价值观的机会。

在苏联儿童教育家谢尔盖·米哈尔科夫看来，儿童时期如果不能阅读一些美好、有趣和珍贵的书，他的损失将是不可弥补的。他说，有些书，一个人如果不在童年时读到它们，不曾在童年时代为它们动过真情、流过眼泪，那么这个人的本性和他的整个精神在他长大之后，就可能有所欠缺，甚至“将是愚昧和不文明的”。

孩子的理解力比我们想象中强得多

只要不是暴力、色情等对孩子成长特别不利的书，我对月月的阅读范围和题材从来不做任何限制和干预。我鼓励她广泛阅读，我和先生的书架也对她完全开放，大部头的文学作品、爸爸妈妈的专业书……只要她有兴趣，只要她能看懂，都可以看。她对外国文学的了解和热爱，可能就是从北京出版社出版的一套世界名著简写本开始的。

关于这一点，女儿到了美国后在迪尔菲尔德学院（美国马萨诸塞州一所男女同校的寄宿制中学）所经历的语文教育也从一个侧面印证了我的想法。美国高中的语文课，几乎没有别的内容，就是阅读，大量阅读，然后课堂讨论。老师为学生开列的书目非常丰富，其中甚至包括在中国我们认为成人读起来都有难度的《尤利西斯》《百年孤独》《洛丽塔》等。他们就这样让孩子去读，读不懂或有什么问题，课堂上提出来，老师和同学们一起讨论。

几乎每次上完语文课，月月都会非常兴奋地向我感叹：“妈妈，原来那本书那么棒。我怎么以前都没读到过?！”在跟她交流的过程中，我发现：原来孩子的理解能力、融会贯通的能力比我们想象的要强得多。很多我们认为他们理解不了的书，或许他们理解得比我们还要深刻。

广泛阅读，是对孩子最好的人文教育。

不只是选书、读书方面，在其他很多方面我也都给孩子自由选择的权利。兴趣是最好的老师，只有感兴趣，孩子才会关注、探寻、了解，进而形成自己的判断和认知。如果孩子不感兴趣，不管大人如何推荐，孩子可能都不会接受。

这方面我有过一次教训。那是在一次全国图书订货会上，我发现了一套非常好的《水浒传》漫画，认为是月月那个年龄段进行四大名著启蒙非常合适的读物，就立刻买下来，大老远地背回了家。但她看过一本之后，其余的就束之高阁，再也不碰了。有很多次我跟她说这套书很好，建议她看看，她都以要做作业没时间看为借口推辞。后来我慢慢发现，她不是没时间，而是对这套书没兴趣，所以才会找各种理由拒绝。

不限制≠完全放手

当然，对孩子的阅读不做特别限制和干预，并不意味着家长完全放手不管。在孩子小的时候，尤其是不能自主的时候，在通过细致的观察发现孩子某些方面的天分和特长后，家长要“做好功课”，给孩子恰当的引导和帮助，是非常必要的。同时，家长还要尽力给孩子创造条件，让他的天分得到最好的发挥，有意识地把他的长处变成优势和亮点，这会对孩子以后的发展起到不可小觑的作用。

月月小学毕业时，她的老师专门找我谈过一次话。老师说：“这个孩子各方面发展得都很平均，将来潜力很大。”但同时老师也提醒我要注意不能让孩子太“平均主义”——各方面都挺好，但并没有特别突出的部分。最好针对孩子的特长，想办法让她拥有有说服力的、“能拿得出手的东西”。

老师的提醒给了我很大启发。也就是从那时起，我开始给她买很多中学生作文刊物，带她逛书店。她自由选书的时候，如果就某本书来征求我的意见，我就会装作不经意地给她推荐几本作文选方面的书——从她童年开始我在选书上给她的建议都比较合她的心意，所以对于作文选的推荐，月月也能够比较愉快地接受——这些书，对她在学校一直能写出优秀的作文和保持优异的语文成绩起了一定作用。

关于国内的语文教育，我长期观察后得出的结论是：要想写“好”传统教育体制下的应试作文，就不能不看作文选。作文选可以给孩子启发和借鉴：什么样的作文是被认可的，是被阅卷和评奖的老师喜欢的。虽然我对目前国内应试教育的作文模式也有自己的保留意见，但理性还是告诉我：既然孩子要在这个环境中生存，就得帮助她，让她的作文在这个环境的评判标准中得到接受和认可。否则，如果作文总是得不到老师的认可，我担心孩子写作的兴趣会受到打击，进而影响她语言、写作方面特长的发挥和发展。

在给她推荐作文选的同时，我也一直注意提醒女儿：她哪篇文章写得有点儿“八股”了，哪篇好像跟之前比没什么进步，虽然可以按照老师喜欢的模式写，但太主观、太空洞的套话、空话要尽量少写。她是个理性的孩子，我这么说她往往能够接受，并且会在写作中注意。

而且，作文选给月月带来的也并不仅是应试方面的帮助。她到国外之后，老师称赞她英语写作韵律感很强，我想这跟她当年读了大量遣词造句都非常讲究的作文有关系。

另外，除了给女儿看范文，我尤其关注的是作文刊物上各种各样的征文启事。按照不同比赛对文体、篇幅、题材的要求，我几乎把月月写的每一篇优秀作文都分门别类地投了稿，结果获了不少奖。就是这些大大小小的奖项，真的成了她日后参加校内外活动的“资本”，包括申请美国高中时，她在全球华人少年作文比赛中的一篇获奖作文得到了美国校方的认可，为申请成功加分不少。

所以，还是那句话，给孩子自由选择的权利，并不意味着家长完全放手不管。父母始终要在孩子的身边，在适当的时候、孩子需要的时候给他们有技巧的启发和引导。最终父母会发现，这样做的结果是，虽然是“自由选择”，但孩子还是会走上父母希望他选择的那条路。

罂粟般的奥数

——关键在于父母如何运用

奥数，有点儿像罂粟。用好了，就是能治病救人的良药；用不好，就成了祸害人间的毒品。所以，关键要看父母怎么选择和运用。

到现在我都坚持认为，奥数是对孩子有好处的。

关键要看怎么用。

女儿到了美国迪尔菲尔德高中之后，经常在电话里跟我说，虽然迪尔菲尔德是美国最好的私立中学之一，能在那里上学的孩子都特别聪明，上课的时候，很多同学领会得都比她快，但一到考试时，分数就是没有她高。“我分析了原因，”女儿说，“是因为我对考试的重视程度比他们高。他们从来没有被‘题海’战术训练过。在这方面，奥数训练出来的基本功帮了我。”

当然，我并非一味坚持认为女儿分数考得高就意味着奥数的无比成功。只是在理科方面，不可否认，是需要基本功的。而中国孩子的基本功，往往都比同龄的欧美孩子强一些。这可以在出国初期给对教育环境和生活环境都极度不适应的孩子一些自信的安慰。

月月小学三年级时，我做主让她上了一个学期的奥数班。报这个班的原因，是我觉得这种学习对孩子的逻辑思维能力训练有帮助。一般来说，女孩天生语言能力强一些，男孩天生逻辑思维能力强一些，所以我想多给女儿一些逻辑思维能力方面的训练。但上了一个学期的课之后，月月表示不喜欢，我又不愿意勉强孩子，她不喜欢就说明在这个方面她既没有天赋又没有兴趣，就把奥数课停掉了。

等月月上了小学五年级，我发现奥数班对小升初是有帮助的。于是从考学的理性角度出发，我给月月仔细分析了上不上奥数班的利弊。她是个理性的孩子，经过有点儿痛苦的权衡之后，重上奥数班。

后来的事实证明，奥数班并不是十恶不赦的。除了能在升学中起到一定的作用之外，我发现上过奥数班的孩子的逻辑思维能力确实得到了训练。以月月为例，在经过了小学阶段奥数班的“题海”训练后，初高中时数学课上的难题，她基本都能应付；在美国迪尔菲尔德那样高手如林的学校里，她也能够轻松应付数学，不用费很大劲。逻辑思维是要靠基本功来训练的，而奥数班恰恰就可以提供这种训练。

当然，把奥数看得太极端也不行。如果就是为了升学，所有孩子都去挤破头上奥数，把奥数当作顺利升学的唯一砝码和途径，对孩子也是一种折磨。

奥数，有点儿像罂粟。用好了，就是能治病救人的良药；用不好，就成了祸害人间的毒品。所以，关键要看父母怎么选择和运用。

给孩子一个良性而被激发的环境

不单单是奥数，孩子成长的每一步，父母的每一项选择和对这项选择的运用都至关重要。客观地说，月月不是天才型孩子，她只是相对比较聪明。她后来的求学之路一直走得比较顺利，和她一直处在一个良性的被激发的环境中有直接关系。

德国教育学家斯普朗格曾说过：“教育的最终目的不是传授已有的东西，而是要把人的创造力诱导出来，将生命感、价值感唤醒。”给孩子提供一个良好的被激发、被唤醒的家庭环境，需要父母仔细缜密的观察、认真理性的思考和讲究艺术的教育实践。

首先，从孩子出生开始就注意仔细观察他的一切——对周围环境的兴趣和反应、对大人态度的好恶程度、面对一些事情自然的态度流露……从这些小得不能再小的细节上发现孩子的性格特点，顺势而为，在日后的培养过程中尽量帮他发挥性格中的优势部分，规避性格中的弱点，从而避免给学习和生活造成不好的影响。

其次，任何时候，都不要生硬地认为、规定、要求孩子："……是你该做的，……是万万不能碰的。""学钢琴对你有好处。轮滑？那是瞎玩，对将来没用。"……尊重孩子在兴趣方面的天然需要，天赋往往隐藏在兴趣中，一个人只有善于做某件事，才会本能地对这件事感兴趣；或者只有对某件事感兴趣，他才会调动全身心的精力努力把这件事做到尽善尽美。通常情况下，人的潜能就在这种时候更容易被激发出来。这是相依相生、相辅相成的。

再次，保护好孩子的自信与热情。在孩子的世界里，没有理性占据领导地位的"愈挫愈勇"，在他的心理本能中，是"愈胜愈勇"。孩子在某个人或者某件事上得到的认可和表扬越多，他便会对这个人或者这件事怀有自信，继续投入更多更大的热情。不管是学习还是其他兴趣爱好，用符合孩子本身性格特点的"手段"尽量保护孩子天然的热情不被削减，并帮助他把性格或者技能中的天分最大化地发挥，是父母所能给孩子提供的良性激发环境。

其实，像月月这种智力水平的孩子非常多，但发展结果却有可能因为教育环境和父母的教育方法而大相径庭。如果父母激发、引导得当，孩子极有可能发展出超过智力水平的潜力。如果激发、引导不当，孩子潜力的火苗很可能被扑灭在尚未生长的萌芽状态，这实在太可惜了。

第二章

点燃：当火柴遇上火柴皮

父母不是眼界狭窄的人，

孩子的视野才能开阔；

父母不是只用一种思路看人待事的人，

孩子才能有相对多元的思维，

用更丰富的头脑和格局与这个世界相处；

父母有不走寻常路的勇气和自信，

孩子才更容易走上一条贴近天性的自在之路。

走一条贴近天性的自在之路

——让孩子选择适合他的路

要给孩子一个启发式的多元选择空间，让他明白，不能别人选什么自己也选什么，适合别人的未必适合他，要选适合自己的路，才能走得相对优秀、相对快乐。

就像这个世界上不会有完全相同的两片树叶一样，没有哪两个孩子的个性是完全相同的。

对待不同性格的孩子，教育方法应该是不同的。举最简单的例子来说，对于男孩和女孩，在教育这件事上，家长的方式、方法就很不同。

在培养、教育男孩方面，我一直觉得韩寒的父母是值得许多父母学习的榜样。虽然有的朋友会说："韩寒多反叛。幸亏有点儿才气，可以写书养活自己，否则凭他那种个性很难在社会上立足。"每当听到这样的话，我都不会反驳，但会在心里悄悄地说：人家写书的才气也是父母尽力守护住的。正是因为父母努力为他保留住了性格中最为突出、独特的部分，韩寒才能够成为今天的韩寒——优秀的畅销书作家，个性十足的赛车手，始终站在社会清醒面的公共知识分子，发出许多独特的声音，启发大家对身边的一切有另一种角度的思考……

我欣赏韩寒，也经常在想，如果月月是个男孩，我不一定非得让孩子去走一条传统的路。当然，月月今天所有的一切，在有着传统教育思路的父母看来，“很主流，很优秀，我们也希望自己的孩子能像她一样，从小到大学习好，课外活动表现优异，成功申请到国外名校的奖学金，毕业后留在美国工作”。但这一切并不是我们强迫孩子为贴近主流教育思路拼命搏来的结果，而是依据她本身的个性特点因势利导、扬长避短的结果——她并不是那种不走寻常路的孩子，相反，她可以在寻常路上走得很好，传统主流的路比较适合她。

从一上学开始，学习对月月来说就不是件困难的事。她不叛逆，不偏科，也不怎么标新立异，上一个好学校对她来说很有吸引力。我曾经跟她交流过：我们要尽量读一个好学校，这对你未来的发展更有好处。这样的想法她很认可，也愿意为之付出自己最大的努力。所以，即便不去美国上耶鲁大学，在国内读个一流大学对她来说也没有任何问题。

但韩寒不同，他偏科，而且严重偏科，曾经因为七门成绩不及格而留级。他适应不了学校的应试教育模式。如果非得强迫他在这条路上走下去，结果是可以想象的：未来社会上只会又多了一个应试教育的牺牲品，而少了一位特立独行、头脑清醒、眼光犀利的社会公民。

给孩子启发式的多元选择：适合别人的未必适合自己

月月在高中选文理科的时候，就遇到过“选择”难题。

她不怎么偏科，但比较来说她的文科更好一些，而且她在写作上很有优势。在选文理科之前，我跟她说：不是大家都选理科你就要选理科，要选更适合你的。她点头认同，但到了真正决定的时候她又变得非常犹豫，因为那时大家的普遍想法是“数理化特别不好的、理科读不下去的才读文科，文科不受重视，学习好的都在理科班”。当时文科班的现实情况是高手确实没有理科班多，而月月属于那种“遇强则强”的孩子，必须得有很强的对手，才能激发出她更大的斗志和干劲。所以出于不愿意让人认为成绩不好才选文科的面子原因和对激发自己斗志的对手原因，她犹豫了。

但我还是坚持鼓励她选择文科，因为文科更适合她，这一点我看得很清楚。

到了文科班以后，月月有一段时间比较失落，感觉没有很强的对手，自己学得没劲儿。我就一直在旁边鼓励她，用各种理性分析告诉她选择文科对她来说利远远大于弊。后来，等她情绪慢慢平复，遇到更强的对手，潜能都被激发出来，如鱼得水的时候，她悄悄地告诉我："妈妈，我们当初的坚持是正确的，也是值得的。"

我有个同事的孩子，也是在选文理科的时候，随大溜选了理科，结果高考成绩不理想。他妈妈后来挺后悔地跟我说：当初真应该坚持让孩子选文科，因为孩子化学、物理不好，最终，高考丢分的也是这两门。

当然，我不是鼓励所有孩子都去选择文科，而是想提醒所有父母：要给孩子一个启发式的多元选择空间，让他明白，不能别人选什么自己也选什么，适合别人的未必适合他，要选适合自己的路，才能走得相对优秀、相对快乐。

愿父母有放手的胸襟与勇气

韩寒的父亲曾经说过："我们没有培养韩寒，只是让他自由发展。"

这句话我深以为然。如果孩子真的那么叛逆，就是适应不了传统体制与价值观，接受不了应试教育的束缚，那么，放孩子一马。他不一定要走大家都走的路，只要对他做好基本的道德教育，比如诚信、正直、责任感、公益心……在具备这些基本品质的前提下，给孩子自由。

如果我有一个男孩，我会非常注重培养他“闯社会”的能力和在各种环境下的生存能力。就像女儿那位自己单枪匹马处理好申请美国留学的所有事宜、进入耶鲁大学一年后便不用家人承担任何费用的男同学一样，我相信，即使没有上大学，或者上的大学不是耶鲁，他也能独立处理任何事情，尽可能不依赖父母，生存得很好。

如果我有一个男孩，如果他的个性不适合应试教育，我不会强迫他必须去上大学。我会考虑经常给他适当的锻炼机会。比如，在他十几岁时，假期给他基本的生活费，给部充值的手机，“赶”他出去闯荡十天半个月，让他自己讨生活。事实证明，“穷养男孩，富养女孩”的老话还是有一定道理的。西方国家的孩子很早就开始独立，可以给我们一些借鉴。

其实，在究竟什么样的路更适合孩子这个问题上，除了孩子本身，我觉得更重要的认识者和决策者是父母。现在许多父母都放不开，有时是不舍得，有时是不甘心，有时是觉得磨不开面子，即便孩子的个性不适合传统教育体制，他们也接受不了孩子走一条不够循规蹈矩的路。

这反倒更加衬托出韩寒父母的可贵之处——在给了韩寒基本品格教育的前提下，在韩寒实在很难适应应试教育的时候，他们放手了，让孩子自己去闯。

这关系到父母的素质和自我修养。父母不是眼界狭窄的人，孩子的视野才能开阔；父母不是只用一种思路看人待事的人，孩子才能有相对多元的思维，用更丰富的头脑和格局与这个世界相处；父母有不走寻常路的勇气和自信，孩子才更容易走上一条贴近天性的自在之路。

用孩子所长，避其短

——人生只有一时的输赢

每个人都有不同的天赋。在孩子顺其自然的成长过程中，慢慢发现他的特长和不足，因势利导地帮助他用其所长、避其所短，或许更好。

我去全国各地给家长和孩子做留学讲座的时候，每次会场都座无虚席，而且以家长为多。看着台下那一张张写满殷切期盼的脸，我更加真切地体会到什么叫作“拳拳之心”。讲座后接受家长咨询时，除了正在进行留学准备的家长来和我交流各种问题，也有很多孩子还在上小学甚至幼儿园的父母挤上来，一脸焦急地问：“我的孩子怎么学都学不好，怎么办呢？”“我女儿还在幼儿园，识字、数数就赶不上其他小朋友，以后我该做什么？急人！”……

每当听到这样的问题，我总是微微一笑：“急什么呢？孩子现在不够优秀，将来未必发展得不好……”一听这个，家长更急了："起跑就比人家慢，往后追起来不是更费力?！要是您的女儿也这样，您试试?！"言下之意，是说我有点儿站着说话不腰疼了。

但我还真不是站着说话不腰疼。月月小时候，真的是个比较普通的孩子，没看出来她比其他孩子有明显突出的地方，唯一相对突出一点儿的就是语言表达能力还不错。但她数学很一般，我在前面提到过，她上幼儿园的时候，我偷偷看她上课，她算数反应比很多小朋友都慢。这点连她姥姥都忍不住说："月月这孩子，算数挺慢的。"我虽然一直很重视对孩子的培养，但那时候也没有感到焦虑和慌张：人生是场马拉松，为什么要让孩子在每一个阶段都跑第一？为什么要孩子的表现在每一个阶段都比别人强？大人都做不到的事，也没有必要去要求孩子。那太累了。

每个人都有不同的天赋，如果孩子在某个方面不是特别擅长，父母着急也没用。拔苗助长的故事大家都知道，只是回到现实中往往就被急功近利的"望子成龙、望女成凤"的心态给迷惑了。在孩子顺其自然的成长过程中，慢慢发现他的特长和不足，因势利导地帮助他用其所长、避其所短，岂不是更好？

每个孩子都是有能又有才的

月月在耶鲁大学有一个同学，也是她非常要好的朋友。这个女孩现在经济学专业在读，数学好得难以想象。一样的考题，班里大多数同学的分数都在四五十分的时候，她能考98分。在本科时，她的数学水平就可以选修研究生的课程，并且成绩遥遥领先。毫无疑问，这就是天赋。这个女孩说，她小时候没有显示出什么过人之处，小学时成绩平平，到了初中，不知道为什么，她的数学一下子就好起来，好像突然开窍了。

当然，这个女孩的天赋是非常突出的，但我想说的是：世界上什么样的孩子都有，某个阶段表现平平并不意味着以后没有好的表现。看着我女儿长大的一些朋友，现在聊起来，也觉得月月越来越好，小时候并没有从她身上看出什么特别优秀的特质，但是后来的发展，确实是一步步越来越好。

我认为这得益于月月始终处于良性、被激发的状态。而这种状态是因为周围给她提供了始终好的发展环境。不管是我们给她刻意创造的也好，还是她自己的运气也罢，总之这个环境是有利于激发她的潜质的环境，她有才华的那一面都被非常充分地激发出来，并且得到了最大限度的挖掘和发挥。

苏联著名教育实践家和教育理论家苏霍姆林斯基曾说过：

“孩子们没有有能无能、有才无才之分，所有的孩子都毫无例外是有能又有才的。应该在每个学生身上找到他们独有的、与众不同的能力，并开发它、孕育它、培养它，使之充分显露出来。”

孩子的特长和才能，即便父母不刻意去找，在他成长过程中也会渐渐地显现出来，只不过花费的时间稍微长一些而已。在此期间，我们为什么不能让孩子稍微“平凡”一点儿、稍微“落后”一点儿呢？在一段时间里，孩子可能不是拔尖的，但他或许在自由成长的过程中拥有了广泛的兴趣，而这为他以后的全面发展打下了坚实的基础。

放弃并不总是意味着软弱

人生是场马拉松，不能要求孩子在每个阶段都跑第一。

小学以后，月月的数学表现一直都很一般。而我有个同事的孩子，从小就显示出非常强的计算天分，数学明显比其他孩子好很多，这是孩子的数学思维天生就好。这让很多当了父母的同事羡慕得不得了。尽管如此，我也没有因为自己孩子没有这样好的数学思维而着急、沮丧，只是觉得要在以后的教育过程中尽量帮女儿挖掘她的长处，不足的地方尽量补，但也不能一蹴而就，只要不太拉后腿就可以了。

没有哪个孩子是万能的、面面俱到的。我的原则从来都是能帮到孩子的尽量帮——检查作业、写作文……我也从来不要求她各个方面都要得第一。英语学不好不成，琴弹不好不成，画画不好也不成……这类情况在我们家不会出现。月月学了一段时间电子琴，觉得自己没有音乐天分，也不是特别喜欢，所以我们果断终止学琴。切记，要求过高或太急功近利，反而容易适得其反。

乔布斯说过：“放弃并不总是意味着软弱，有时反而是因为够坚强，才能舍弃。”把这句话和所有的父母共勉。

帮孩子保有完整的自我意识

——有趣而尽兴地生活

> 父母更应该重视的孩子的“优秀”部分，是“内秀”。如果孩子能够在“内”“外”两方面都养成优秀的习惯，才是父母真正的成功。

女儿进了耶鲁大学之后，虽然所学的专业是经济学，但因为她的兴趣是写作，所以她也兼修了很多跟英语写作有关的课程。她经常往校刊投稿，谈她对中美文化的一些比较和认识。

她曾经在校刊上发表过一篇关于哈佛女孩的文章，在读者中引起了不错的反响。通过分析哈佛女孩刘亦婷的成长求学经历，月月表达了她对中国学生到国外读名校这种现象的观察和看法。在她看来，现在中国人有意无意地在“玩”或者说“运行”一种规则——给孩子从小就确定一个进国外名校的目标，然后照着这个目标刻意地训练打造孩子，直至把孩子送进名校的门槛。在这种游戏中，名利双收是衡量成功的唯一标准。所以，那些上了名校的中国学生，在大学毕业后绝大多数进了投资银行、世界五百强大公司，只要想在大众的成功标准体系中获得认可，这就是他们必然的选择。

进大银行，进大公司，既可以满足父母和自己在国内普遍评判标准内的“成功”的虚荣心，又能得名得利，何乐而不为呢？但是，这却与外国名校当初录取他们的初衷背道而驰。在这些名校的理念中，他们希望自己的学生是一个有充分而完整的自我意识的人，是一个与众不同的人，有自己的理想和信念，而不是大家追求什么我就去追求什么。他们想选择非常有自我意识的人，但实际上选择到的常常不是这样的人，而是已经把录取规则研究得很透彻、按照规则做针对性准备、非常善于在规则内自我营销的人。进入名校之后，他们又开始研究下一套规则，比如如何才能提高进入投行的可能性，如何才能获得世界五百强公司的青睐，再做针对性准备……这是一个循环，千篇一律的模式，目的是在名利的金字塔上越爬越高。

关于这种现象，女儿在文章中最后呈现的是一种反思的态度。她认为这并不是很好的现实和心态，在这种游戏规则中，这些留学生实际上都被相对功利和盲目的心态所驱使，越是名校这个小圈子里的人，目的性就越强，本真的东西就越少。他们或许非常善于包装自己、营销自己，但同时也失去了很多真正的自我。

月月后来告诉我，当时这篇文章写完之后，她还犹豫要不要发表，毕竟其中有些观点对中国留学生来说有点儿“刺激”。文章发表后，并没有多少中国学生给她反馈。针对这种情况，月月跟我分析说可能中国同学即便看了，也不会向作者本人说什么。他们的态度是“你爱写什么写什么，我只要得到我需要的东西就行了”。

在这个问题上，我和女儿的看法是一致的。实际上，很多家庭的教育正进入一个圈子和模式，就是“追求成功”。而究竟怎样才算一个成功的孩子呢？在人们的普遍认识中，当然是“学习好，进好大学，找一份好工作，要么很有名，要么很有钱，最好是又有名又有钱”。包括我的女儿月月在内，身边认识她的人都认为她“特别成功”，我觉得可能是因为她走过的求学路正好符合很多人对孩子的期待。

她决定去《大西洋》杂志工作时，国内很多朋友都问我：这个工作是不是挣钱特别多？我说，没有，前期还需要我们补贴呢。听到这话的人往往都会半信半疑地看着我：不是挣钱特别多，那干吗还要去啊？

我也希望孩子成功，但这个“成功”的含义恐怕和很多朋友眼里的“成功”有所区别。我也希望她上有名的学校，但那是为了塑造她更优秀的人格，让她拥有更国际化的视野，让她和优秀的人在一起，这对她以后的发展有好处。而耶鲁大学，确实在塑造她的人格、促进她心理的健康成长以及加强她的社会责任感方面起到了很好的教化作用。这个我很期待，可能其他家长也很期待。到大学毕业为止，可能我对学校给孩子带来什么样的影响的期待与其他家长是重合的。但是下面呢？就未必能重合了。

尽量帮孩子保持完整的自我

月月找工作时，我不希望她被绝大多数人都在追逐的薪水、名声、虚荣心左右，而希望她能静下心来问问自己到底想做什么；我希望她遵从自己的内心，有自己的追求，并且为之付出努力。只要是基于内心的热爱，不管她选择一份什么样的工作，我都支持。如果她是因为喜欢而选择投行，我肯定也支持。

很多人问我：既然女儿那么适应国外的学习生活，为什么她没有像国内的很多人一样本科毕业再继续读研究生？答案其实很简单，就是因为月月没想继续做学问。在国外，大学本科毕业之后还选择继续读书的人，大部分都是想继续做学术研究的。如果不是这个原因，就会在本科毕业后直接工作，因为在工作中的学习一点儿都不亚于在学校里。也有人在工作几年之后选择重新回到学校读书，那是他们在工作的实践中意识到了自己需要在哪方面进行强化和补充。而女儿现在经济学专业毕业，她的理想是做一名优秀的记者，记者工作是需要大量实践经验的，所以她没有选择考研。这种做法不盲目，不是为了多拿一个学位而去读书，而是需要什么再去读什么。

她现在所走的这条路，符合我的认可和期待。她有自己的独立思考，不那么功利，不那么短视，对人生和生活有自己独立的判断和追求。这条路，可能不太符合世俗意义上很多“成功”的标准，但她自己认为充实而快乐，我觉得这是最重要的。

这样一个结果的产生，应该是父母从小就开始影响和培养的，一路走来，我觉得不容易，也不轻松。

女儿很小的时候，我并没有特别强烈地去影响和引导她，因为我觉得自己没有办法要求孩子在她那么小的时候就完全脱离现实大环境，走一条完全不同的路。况且她在应试体制里好像适应得还可以，所以我就尽量帮她选择比较好的学校，包括她生活的环境、周围的朋友，我们都很注意观察和甄别，我们还帮助她缓解应试教育带来的巨大压力，让她在这种体制中保持相对优秀的位置，那样她就会相对快乐。同时，我们也注意培养她其他方面的素质，而不是一味要求优秀的考试成绩，帮她在一个从众的环境中保持尽可能完整的自我，这样才有利于她以后做出遵从内心的选择。

在她到了一定年龄，形成比较完整的自我意识以后，再鼓励和支持她有自己的追求，对人生有独立的思考，更要有社会担当，走一条适合自己的“成功”之路。

“内秀”是“优秀”的一部分

在和很多朋友交流孩子就业问题的时候，大家都会感慨：现在的孩子，如果抛却名利这些外在的东西，你问他真正想要什么，他未必答得出来。

我觉得这跟我们的教育方式有关。孩子在成长过程中没有人去引导他发掘自我。所谓的“好”都是外界给的一些肯定：成绩、学校、面子、名气……他追求和努力的方向，就是向其他人证明自己，得到别人的肯定。家长不由自主地被裹挟其中，孩子自然也会随着家长的选择走，否则可能会面对很多的不认同、很多的质疑和不理解。

有一天，电视台正在播出一档比较热门的求职节目。节目中有一个前来求职的女孩，毕业于国内一所名牌大学的德语专业，现在在一家很小的德国公司做总经理助理。女孩在自我介绍中强调：自己从小就是一个追求优秀的人，也是目的性很强的人。只要是自己定下的目标，就一定会努力实现。比如，小学毕业时，她想上一所很好的中学，就拼命学习，结果实现了她的目标；大学的时候，她觉得自己不仅应该学习成绩优秀，还应该在学生会活动方面有所作为，结果果然获得了很多获奖证书；大学毕业后，她对自己的职业生涯有很高的预期和追求，认为自己应该在从事的行业里尽快成为一个卓越的人，然而，她觉得目前的职位对她来说没有足够的施展空间，因此想跳槽，来节目中寻找机会。

在她的自我介绍中，有五个字反复出现，那就是“优秀的习惯”。在节目进行过程中，有一个环节是向现场的“招聘达人”展示求职者目前的工作环境。这个女孩展示了一段视频，那是她所在的德国公司的办公室。只不过视频中的办公室空荡荡的，几乎没有人在工作。这时有“招聘达人”问她：“你们老板同意你这样给人看工作场所吗？”女孩非常自得地回答：“老板不知道拍摄这件事，我跟部门经理打了招呼，他同意了。”她此话一出，“招聘达人”的灯全灭了。

女孩哭了，哭得很委屈。一直到最后，她可能也没弄明白自己失败的真正原因究竟是什么。我看了这段节目之后也觉得很不舒服：如果这个女孩真的有所谓“优秀的习惯”，那她应该对曾经供职的公司有一种尊重，对公司隐私的尊重。在老板完全不知情的情况下拍摄办公室，这其实是在利用别人对她的信任。如果她在这家公司这样做，去另外一家公司遇到类似的情况，她依然可能会这样做。我想，在这个女孩从小到大“优秀的习惯”中，缺少了道德约束和底线这一项。

从某种意义上说，这是父母的失职。

让孩子养成优秀的习惯，父母的这种想法我觉得无可厚非。但需要强调的是，我们不应该只拿一些外在的东西来评价孩子是不是“优秀”：能考第几名，有多少拿得出手的才艺，上一个多好的学校，能拿多少获奖证书……我觉得父母更应该重视的孩子的“优秀”部分，是“内秀”——孩子是不是正直，有没有正确的自我约束与追求，内心对自己的行为界限有没有道德的界定……如果孩子能够在“内”“外”两方面都养成优秀的习惯，才是父母真正的成功。

引导孩子理性叛逆

——做孩子背后坚定的支持者

有时候做一个与众不同的选择，孩子会有压力。这时就需要家长给他适当的指导和鼓励，做自主的、适合自己的选择，而不是从众的、不适合自己的选择。

孩子在青春期能够理性叛逆是件好事。这表示孩子有独立思考、质疑权威、不盲从的能力。而这恰恰是我们的传统教育所缺乏的。

一般来说，在孩子的叛逆期，父母往往不能适应孩子“不听话”“跟父母对着干”，所以对孩子与众不同的想法一律进行打压。其实父母可以引导孩子理性叛逆：“爸妈说的也不一定对。你可以提出你的想法，说说你的理由。咱们可以来讨论……”

月月青春期时，我们从没有特别强迫她做什么，都是比较平静地跟她交流。凡是比较重要的选择，我们会比较注意给她一些选择的权利。比如高中文理分科的时候，我和先生建议她选文科，她不理解："为什么？我的理科成绩不是那么差。大家都认为学习不好的才去文科班呢。"我们慢慢给她分析："我们之所以建议你学文科，是因为你的兴趣在文科，特长也在文科。你的理科成绩虽然也可以，但再往上走，你不会是那种特别顶尖的学生，不管是在国内还是国外，都没有绝对的优势。另外，你喜欢社交活动，文科班压力相对小，活动和学习比较容易兼顾……"

每个人做选择的能力，都是在无数次或对或错的选择中累积起来的。只有在不断的尝试、体验、判断和选择中，孩子才能学会如何对自己的选择负责。在我们的教育中，孩子往往从小就被放置在一个"随大溜"的环境中，往往只有那些遵从大多数人选择的孩子，才被视为"乖、听话、规矩"。我每年都会遇到不少单位新招聘的大学生，和他们一起工作，有一个深刻的感受，就是我们培养出的孩子很少有良好的逆向思维，大部分人的思维都被从众心理捆绑着，工作中有发散性思维的时候很少，相对来说也缺乏创新思维和创造力。

父母应该从孩子小的时候就给他们创造独立思考、独立体验和独立选择的机会。对我们把孩子培养成独立自主、有主见、肯负责的人的长远目标来说，这个过程是必需的。

为她的“叛逆”加油打气

即便是经过了清楚的分析和权衡，最终选择了文科班的女儿在刚去文科班的一段时间里也还是很不快乐。因为有一个和她一起去文科班的同学，待了两个礼拜又回理科班了。这让她觉得没意思。她在学习上喜欢有实力相当的对手彼此竞争，这样能激发她的斗志。而到了文科班后，她的对手比较少，因此比较失落。当时文科班里有两个比她成绩好的同学，一个回理科班了，另外一个也开始动摇。女儿还跑去可怜巴巴地跟人家说：“你可千万别走，走了我更没有伙伴了。”

其实她是需要竞争的伙伴，需要在同一战壕里战斗的战友。

有时候做一个与众不同的选择，孩子会有压力。这时就需要家长给他适当的指导和鼓励，做自主的、适合自己的选择，而不是从众的、不适合自己的选择，尽管这不是太容易。父母还应在孩子需要的时候，提供能够提供的一切帮助，为他的理性叛逆加油打气。

我们鼓励孩子理性叛逆，最终目的是什么？

第一，我只希望她将来成为一个对社会有用的人，作用越大越好。而她将来能挣多少钱，社会地位有多高，并不是我教育的终极目的。

第二，我希望她做她喜欢的事情、她擅长的事情，有社会担当，同时生活得快乐。

月月大学毕业选择记者这个职业，也面临过和文理分科相类似的情况。因为她的专业是经济学，所以同学们在交流求职状况时说得最多的是“我被摩根士丹利录取了”“德意志银行给了我录用通知”……这样的结果，会在同学间得到赞美和羡慕；月月做出从事媒体工作这个最终的选择，是很孤独的。而且她也动摇过，彷徨过，因为在媒体行业求职也不是那么容易。她去参加过投行的招聘会，也参加过高盛银行的考试，但后来却告诉我们还是不行，因为她对那些没有热情，所以没有办法很投入地准备。

这个时候，我也告诉她：“我不希望你去投行，那个不适合你。”

她的选择得到了父母的鼓励和认可，女儿很欣慰。觉得自己不孤独了，她不是一个人在战斗，她的背后，站着永远支持她的爸爸妈妈。

父母也要『指手画脚』

——尽早和孩子一起规划未来

> 大部分孩子都不能比较早地有自我意识，家长如果根据孩子的特点帮他做规划，就能让孩子尽可能地走上一条适合他的路，而且走得比较自在。

帮孩子做规划，是一件从孩子小时候父母就应该做的事。关注他的天性，观察判断他是何种个性的孩子，适合往哪个方面培养，因孩子的天性而利导。

到了青春期之后，这种规划的“目的性”就要更强一些，许多关乎未来的事情都要在这时候做出选择：他适合学文科还是理科，适合在国内上大学还是往国外发展，如果在应试体制里，他的适应度、生存能力如何，他的人生走一条什么样的路会更顺畅一些……如果这个阶段没有明确的目的性，孩子可能会失去一些机会。因为大部分孩子都不能比较早地有自我意识，家长如果根据孩子的特点帮他做规划，就能让孩子尽可能地走上一条适合他的路，而且走得比较自在。

月月还在读初二时，我和先生就基本定下了让她出国念书的想法。因为从我们对她的观察和判断来看，她的个性可能还是更适合国外的教育体制，到了国外，她可能会比在国内发展得更好。但那时候，这也只是一个想法，至于什么时候出国，去哪个国家，还不是特别清晰。因为从我们认识和接触的人来看，去国外留学的孩子大多数都是研究生阶段才出去的。直到我看了《哈佛女孩刘亦婷》那本书之后，我才知道，原来还可以在国内直接申请国外的本科。

哈佛女孩的故事给了我很大的启发。让月月去国外读本科的想法也在我脑海里越来越清晰。我把这个想法跟当时在上初中的她交流，她说挺好的，她愿意出国，但她自己也没有特别主动地去考虑这件事，因为觉得时间尚早，再加上那时候的大环境也没有像现在这样的留学热，本科能出去已经是比较稀少的了。

虽然关于出国留学的很多细节还没有厘清，但从月月上初中开始，我们就已经在为这件事做持续的准备了：她一直在上新东方的英语辅导班，一共上了十几个，口语、新概念、托福……没断过。实事求是地说，这些班确实帮了我们很多忙。在学英语方面，我们从来没给女儿定过硬性指标——必须考多少分，必须考多少级——不让这些目标给她沉重的负担，只是想让这些培训班为她提供一个良好的英语环境，上完一门课，能学到多少是多少。新东方有很多有趣的老师，上课也不枯燥，所以她很愿意去，每次回来都感想一大堆。另外，从小学到初中，我们一直给她请英语家教，一直给她报名参加英语夏令营和冬令营，但从来不让她参加考试辅导型的那种，因为学校的课业已经够重了，只要保证在放松身心的基础上，为她提供一个英语环境就可以了。

后来，我在看过了一些去美洲或者欧洲读书的相关书籍之后，又综合了许多我们从国外的朋友那里了解的信息，决定让月月直接去美国读书。因为她直率、单纯、对陌生事物好奇和热情的个性比较适合在美国学习、生活。而且，当时她在中国人民大学附属中学的一个师姐去了美国的宾夕法尼亚大学，还出了书，那本书我也买来看了，看完后，更坚定了让她去美国读书的决心和信心。

至于后来，月月没有按照原计划去美国读本科，而是直接去那里读了两年高中，然后直接考入了耶鲁大学，则是我们计划以外的状况。其中有运气的成分，但也建立在充分准备的基础上。

如何让孩子愉悦地接受父母的规划

在中国，大部分孩子的自主意识出现得都不是那么早，在应该为许多关于未来的事情做选择判断时，孩子往往自己还没有这种能力，这时候就需要人生阅历更为丰富、思维更为成熟理性的父母帮忙。父母是过来人，知道社会潮流，了解孩子的优势、劣势，应该根据孩子的特点帮他选一条适合他的路。

我记得在我原来的单位，有个同事的孩子，从小到大成绩一直很好，高考前他自己跟香港中文大学联系，说想去那边读书。那时候还不像现在，香港的大学还没有开始来内地招生。香港中文大学很快给了他答复：“没有什么别的要求，只要你在内地能考上北大，我们就要你。”结果这个男孩真的考上了北大，顺利地上了香港中文大学。当时我就发现，这个孩子就属于自主意识比较强并且比较早熟的那种类型，他能够在高中阶段理智而清醒地为自己的将来做选择。有这样的孩子是父母的幸运，可以少操很多心。

只是这样的孩子毕竟是少数，大多数孩子还是需要父母基于人生经验和综合判断为他做出规划。

孩子也跟大人一样，有从众的心理和趋势。因为从众会得到大多数人的认可，不会承受什么环境或心理压力。但我认为，每每到这样的时候，父母应该站出来，为孩子把握好方向，避免他去走一条从众但是并不适合他的路。对父母和孩子来说，这都是重要且必要的事。

为了不引起孩子的逆反心理，对于任何规划，父母最好以建议的形式提出，并且告诉孩子：最后的决定还是由你自己做。这样他就不会觉得不受尊重、任父母摆布了。要相信孩子的判断和选择能力，任何事情，只要跟孩子掰开、揉碎、说清楚，他就往往会选我们希望他选的那条路。

不要低估孩子的理性程度
——金钱教育背后的欲望控制

对孩子的欲望有限度地满足，让孩子慢慢懂得，并不是所有东西都唾手可得，要让孩子学会控制自己的欲望，调节对一件东西的渴望与能否得到间的平衡。

身为父母，肯定都遇到过这样的情况：在琳琅满目的商场里，孩子看上了一件东西，无论如何都不肯走，哭着喊着就是要买……此时的父母，只要是比较理性的，一般都会感到左右为难：买，这件东西未必是孩子真正需要的，如果一味地满足孩子这种随意的购物要求，他就知道这种赖着要的方式可行，以后难免会故伎重演；不买，强硬地把孩子拉走显然不合适，生硬的拒绝会影响孩子的情绪，也会影响亲子关系。

从小，月月提出买东西的要求时，我的态度都比较中庸：不会急着拒绝她，也不会急着答应她，而是先问问她为什么要买这件东西。“你是真的需要吗？还有什么别的原因？”如果她真的需要，不管是学习的需要还是玩的需要，我一般不会做太严格的限制，就买给她了。

只是，对于孩子的购物欲望，家长也不要不加限制地满足。如今我周围有很多亲戚朋友，家里经济条件不错，又只有一个孩子，所以无论孩子要买什么，都是无条件地立刻满足。有时甚至孩子还没要求，父母已经把无限多质量上乘、价格也上乘的物品堆到孩子面前了。他们总是觉得：我小时候没穿过好看衣服、没玩过好玩玩具的遗憾，绝对不能在我的孩子身上重演。

但从理性的角度来看，我并不认为这样做就是对孩子好、疼孩子。人的欲望是无止境的，孩子也一样。对孩子的欲望有限度地满足，让孩子慢慢懂得，并不是所有东西都唾手可得，要让孩子学会控制自己的欲望，调节对一件东西的渴望与能否得到间的平衡。这是孩子迟早都要上的人生一课，为什么不从童年时代就慢慢熏陶呢？

况且，有时候孩子买东西有盲目性。比如每个孩子可能都会有一个阶段，特别迷恋某样东西。月月有段时间就特别喜欢芭比娃娃，有事没事总拉着我去买娃娃。我会隔一段时间带她去一次商场，有时买，有时不买。几乎每个娃娃买回来之后，她都会非常高兴，给娃娃穿衣服、梳头，和娃娃说话，给娃娃布置房间、做饭、洗澡，陪娃娃做游戏……玩得津津有味；不买的时候，我一般是带她去商场看过之后，告诉她："妈妈知道你觉得娃娃越多越好，可是我觉得这次的娃娃和家里现有的娃娃差不多，而且娃娃很贵，咱们不可能每次都买，只能过一段时间买一次。"因为她从小也是相对比较理性的孩子，所以每次我跟她这样说的时候，她也觉得能接受，不会哭闹。

不要低估孩子的理性程度

所以，怎样对待孩子的购物要求，要根据家庭具体的经济情况，还要看孩子的接受程度。我见过那种物质欲望不那么强烈的孩子，跟爸妈说要一个什么东西，父母要是不同意，就算了，他不会有特别强烈的反应。我也见过不给买就撒泼打滚、誓不罢休的孩子，可能他觉得父母不给买是无视自己的兴趣和情感需要。父母满足还是拒绝孩子的要求？如果拒绝，要如何拒绝？这是一种如何把握"度"的艺术。不要让孩子觉得什么要求都能被满足，也不能让他感觉自己的要求总是被拒绝。拒绝的时候，父母要讲出自己的道理，让孩子能够接受，让他明白：父母不是万能的，不是所有的要求他们都能满足，孩子要体谅大人。

不要低估孩子的理性程度。一件事情，只要父母跟孩子把话讲清楚，而且有理有据，孩子其实是可以接受的，并不一定只要遭到拒绝就大哭大闹、撒泼耍赖。孩子的世界也有道理和秩序的概念，只不过这些对他们来说相对是懵懂的，是潜意识里的，不像成人世界里的那么明显而已。

当然，让孩子体谅父母的前提是父母也能体谅他。如果看到他对某件事物的兴趣真的那么强烈，父母要尽量有同理心，换位思考孩子的感受，再决定是满足还是拒绝。这样即便是因为客观原因拒绝孩子，相信你陈述理由的时候，孩子也能感受到你站在他的角度的同理心，他会比较容易接受。而如果你基于同理心愿意满足他的要求时，孩子会觉得更加快乐，会觉得父母把他的需求当回事儿，他得到的就不仅是物质方面的满足感，更是情感上的安全感。

为孩子留一些温暖的记忆吧

每一次关于买东西的“斗智斗勇”，其实也是一次父母与孩子之间独一无二的情感互动。有心的父母，不会错过任何一次类似的机会。这是你和孩子间特有的宝贵财富，他长大后都会记得。而且互动过程越“精彩”，孩子会记得越清楚。如果父母处理得好，会让孩子一生受益。

不仅是芭比娃娃，对于月月在成长中每个阶段的兴趣和关注点，只要经济条件允许，我们都会尽可能地满足她。她上初中时有段时间非常喜欢集邮，我不仅花了很多钱给她买邮票，还托关系或者自己到邮局排队帮她买一些比较少见的邮票。在这个过程中，我和她还有很多关于邮票的交流和探讨，甚至慢慢地连我自己都喜欢上集邮了。

这件事她后来也在作文里写过，谢谢妈妈曾经那么投入地帮她集邮，很感激妈妈那么关注、支持她的兴趣。我读过之后很感慨。父母用心为孩子所做的每一件事，他都会记得。而他和我们在其中获得的愉悦和满足，是花再多的钱都买不到的。

关于孩子的兴趣受到关注和支持带来的愉悦和满足，我自己也有段遥远但清晰的记忆跟大家分享。

我出生在二十世纪五十年代，那个年代的孩子，都没什么玩具，让父母买玩具更是不能轻易提的事情，只能自己想办法找一些不需要花钱的娱乐方式。一直到现在，我都清楚地记得小时候自己和每天一起玩的小伙伴们收集过糖纸、烟盒，玩过猪和羊的脚骨头——“拐”……我们把塑料的糖纸用水弄湿，想办法压平，一张张夹在书里，特别好看。我们还把各种各样的烟盒拆开，放在床褥子下面压平，再找本大杂志把它们夹起来，然后很多小伙伴在一起，互相翻着看，就像显摆各自的“影集”。

当时，我的姑姑在广州工作，我在最迷恋收集烟盒的时候给她写了一封信，大意是：我现在在收集烟盒，您能不能帮我找一些广州的烟盒。其实本来写这封信时我没抱太大希望，但两个月后姑姑真的给我寄来一大包烟盒。我打开包裹的时候兴奋极了，心里对姑姑充满了感激。那种感激不仅仅是因为她为我找了那么多漂亮的北京见不到的烟盒，更重要的是，我觉得自己的需要在大人那里得到了重视和尊重，这对孩子来说是天大的事。

不要怀疑孩子的记忆力。所有让他感觉温暖的瞬间，都会留在他的记忆深处，真的。

受欢迎的家教

——榜样的力量远超父母的引导

想让孩子变得优秀，就要想办法让他和优秀的人接触、交往、交流。如果周围没有或者缺少这样的人，就想办法给他创设这样的环境。

从小学三年级开始到初中，我一直坚持给女儿请家教，没有中断过。有的朋友和同事知道了，善意地提醒我，一直这样给孩子请课外的老师会养成孩子在学校学习的惰性，容易让孩子觉得如果课上学不会也没关系，反正不会的、没注意听讲的、听不懂的，都可以回家问家教。很多家长也会给孩子请家教，但目的都是为了提高成绩，一旦短期内成绩没有显著提高，就放弃不请了。听到这些，我还是习惯地笑笑，不作声，然后继续坚持自己的做法。

我是个固执己见、顽固不化的妈妈吗？自认为不是。是我不懂得朋友们规劝的道理吗？当然也不是。我之所以一直坚持自己的做法，是因为我给孩子找家庭教师的初衷本就不是让他来监督、指导、提高孩子的学习成绩的。

我另有目的。

这个目的很简单：给孩子一个学习的榜样。

因为原来在北京大学出版社工作的缘故，我有很多机会了解和接触到北京大学的学生。从月月三年级开始，我给她找的家庭教师几乎都是北京大学的学生。能考进北京大学的孩子，拥有比较优秀的学习能力和学习习惯，相信这是几乎没有人质疑的事实。我就是想给女儿找一个这样的榜样放在她身边，对这个阶段的孩子来说，榜样的力量要远远胜过父母的引导。想让孩子变得优秀，就要想办法让他和优秀的人接触、交往、交流。如果周围没有或者缺少这样的人，就想办法给他创设这样的环境。

榜样的力量不可小觑

我们请家教最多的科目是英语和数学。在每一个老师来给月月上课之前，我都要事先把这个老师的基本情况了解清楚，然后讲给月月听：这个姐姐很厉害，曾经是哪个省的文科状元；那个哥哥的英语非常好，曾经得过某某比赛的第一名……

她听了很羡慕，还会表决心：“我也要成为他们那样的人！”这时我会适时鼓励她多跟这些哥哥姐姐交流，观察他们的优点，向他们学习，争取几年后的自己也可以像他们那样优秀，甚至比他们更出色。

这招对好强的女儿很管用。每次上完课之后，她都要兴致勃勃地跟我交流半天，这个姐姐什么地方好，那个哥哥哪方面的能力让她很欣赏、很向往。她仰慕他们，由衷地想像他们那样优秀，也就会很用心地上课，很用心地学，每次学完都会很愉快。

这就是榜样的力量。

另外，我从来没有给家教老师和女儿规定过上课的具体目标，从来不会告诉来上课的老师我的孩子哪个方面需要强化补习，也从不规定月月上完家教课之后成绩必须提高多少分。第一个家教老师来家时我就告诉月月：“我请一个姐姐来给你辅导英语，但是上课的内容不是课本，不是教科书，而是到书店，挑你自己感兴趣的书，回来让她和你一起读，因为姐姐的英语很棒，所以能给你很大的帮助。”我们跟孩子明确：“爸爸妈妈非常希望有人跟你交流、聊天，但在英语方面我们没有这个能力，所以找一个人来陪你交流，跟你聊天，你有不会的、不懂的可以问她。”这样一来，本来就喜欢和人交流的月月就非常乐意接受。

于是，虽然我们请家教的初衷不是为了提高女儿的学习成绩，但对于有努力学习、取得好成绩意愿的女儿来说，得到了父母的帮助，而且不带任何严格的成绩要求，反倒会对她的学习起到正向的促进作用。同时，她之所以不像别的孩子那样排斥家教，是因为她不厌恶学习。不厌恶学习的原因，是她在学习方面一直处在相对优秀的位置。这和我们一直坚持的“相对优秀、相对快乐”的培养目标是相辅相成的。

渐渐地，女儿非常习惯并且非常享受每周两次的家教时光。到了初中的时候，她还会经常向我评价：哪个哥哥很会教，方法很灵活；哪个姐姐用有趣的故事来加深她对英语单词词源的了解，让她很感兴趣。我还记得曾经有一个女孩主动跟我说：“阿姨，我觉得月月已经不需要再教了。”我去征求女儿的意见，她想了想，说：“还是请吧，我已经习惯了。”

她把这些优秀的哥哥姐姐当成海阔天空地聊天、互相交流思想的朋友，当成可以学习的榜样。我最想看到的结果，果真在女儿身上发生了！

为何反感家教？——孩子也需要同理心

当年，我身边有很多孩子差不多大的同事和朋友，都给孩子请了家教，有时候聊起来他们会“吐槽”说孩子对家教如何如何反感，自己如何如何苦恼。我觉得这些父母非常需要在孩子身上用一用同理心。

首先家长自己要明确对于请家教这件事寄予的期望和目标，如果请家教的目的就是想让孩子的学习成绩提高，那家教老师的教课内容自然是和学校教育如出一辙，无非就是对孩子学习科目的不断强化和补充。假设一下我们自己是孩子，在学校面对的是这些，回到家还是这些，会不会产生被不断重复的课业压迫的感觉？会不会害怕、厌烦？如果请家教的目的不是学习成绩和考试排名，就不妨跟孩子说清楚，没有回家后继续被人监督、责令学习的压力，我想孩子会很愿意多一个在聊天中就可以学到很多东西的朋友。

我一向不反对给孩子施加压力，但一定要根据孩子的具体情况，给予适度的压力。这就像拍皮球比赛，如果在合适的范围内向下拍时多用点儿力，皮球自然会弹得更高，而且不会脱离控制范围。但如果向下拍的力气过大，皮球很有可能会脱离控制。它可能会弹得很高、很远，但比赛，却输了。

第三章

距离：过度关注即干扰

父母在孩子身上用的心、投入的感情，

不是单纯凭物理时间叠加来衡量的，

只要多增加和孩子一起相处的“有效时间”，

利用每一个微小的工作间隙，

让孩子充分感受到我们的关注，

感受到我们投入的精力和爱，

哪怕爸爸妈妈再忙，都没关系。

关键时刻『拔刀相助』

——理性保护孩子的学习兴趣

父母最理智的心态就是和孩子一起适应，尽自己所能保护孩子不遭受打击、挫折，保护好孩子的自尊心和自信心。

有一年我看电视新闻，一年级孩子的书包竟然都是带滚轮的，像个行李箱似的拖着走，因为书本太多太重，背着太累，所以市场应运而生了滚轮书包。

孩子的课业负担，不管学校的教学模式怎么改、减负还是不减负，似乎永远都是家长热衷讨论的话题。无论是面对同事、朋友，还是留学交流会上那些陌生的家长，我都会直言不讳地承认：我确实帮女儿写过作业，而且不止一次。

关于孩子的学习问题，我的宗旨是：尽量让她受到的课业压力适度，这样做的目的是保持孩子的自信，而且不要让孩子丧失对学习的兴趣。小学阶段的孩子，内心的自我没有那么强大，因为一天中的大部分时间都待在学校，所以他们的自信和自尊很大程度上都来自学校和老师的肯定。如果在学校能经常受到表扬，孩子的自信会得到满足，还会觉得学习本身能够带来快乐，不会反感。

虽然月月上小学时，国内小学生的课业负担还不像近几年这么重，但她当时作业也很多，每天都要占用晚上的很多时间完成。如果孩子因为完不成或者太累，导致精力不集中，作业出错的话，就会受到老师的批评，孩子的自信就会被打击，这样的结果和我的初衷就背道而驰了。所以我决定，只要能达到我保护孩子的自信和对学习的热情的目的，哪怕采取点儿“手段”也是值得的。如果孩子因为作业的压力而失去自信，失去对学习的兴趣，那才是最大的失败。

帮孩子适应教育环境

月月读三年级时，她的数学老师特别严厉。学生作业做错了，第二天必须改正。如果忘了改或者改错了，老师就扣分，5分、10分、15分……一一记下来，达到30分就记录在案，算在期中、期末的考试成绩里面。老师的做法对孩子来说是很大的压力，女儿多次跟我说：“我们本来对数学都挺感兴趣，但现在都不喜欢数学了。”我也坦白告诉她我的看法：“老师的做法确实有问题，我帮你想办法吧。”

有的朋友问我：“这个数学老师的做法明明不合理，你为什么不干脆去找老师谈，把问题提出来呢？”我在孩子上学阶段有一个原则：只要她没有在学校受到人格上的侮辱，我就不找老师。应试教育给孩子带来的一些相对负面的影响，或者学业上的压力，我们父母自己想办法解决。之所以这样做，原因有两个：第一，将心比心，在目前的教育模式下，老师其实也很不容易，他们也承受着非常大的压力，有些做法也并非他们的本意，而是不得已。我自己曾经做过老师，所以能够理解。第二，既然目前国内的学校教育大环境就是如此，从理性的角度考虑，我不愿意让自己和孩子与这种体制对抗，撞得头破血流，对孩子一点儿好处都没有。如果选择在国内上学，我觉得父母最理智的心态就是和孩子一起适应，尽自己所能保护孩子不遭受打击、挫折，保护好孩子的自尊心和自信心，这是我的目标。

在这样一个大原则的前提下，针对那位苛刻的数学老师的教学手段，我的对策是这样的：月月每天写完作业之后，不管多晚，我都会百分之百地给她仔仔细细检查一遍，发现错误我们马上就改，保证她几乎没有因为家庭作业的错题而受到这位老师的责罚，从而保护了她对数学的兴趣和信心。

其实，对于已经走入校门的孩子来说，父母的神经实在没有必要绷得太紧，更没有必要对孩子过分庇护。父母尽量不要因为孩子在学校一有点儿什么风吹草动，就表现得比孩子还紧张，动不动就找老师讨说法。从另外一个角度考虑，大人这样做反倒会给孩子造成一种学校大环境的不安全感，他会觉得这个环境给自己带来了许多问题与伤害，渐渐对这个环境产生抵触、排斥的心理，这不利于孩子顺利完成学校阶段的学习。

孩子不可能一辈子都躲在父母的羽翼之下，他们总有一天要出去面对世界。对孩子所要面对的每一个环境，父母首先要尊重，这样孩子心理上会产生被承认的价值感，因为他是这个环境中的一分子。你承认了环境，就等于承认了他。

学校是孩子走出家庭所要面对的第一个大环境，所以我们应当尊重学校对孩子的做法和教育，不要动不动就找老师。试想一下：如果将来孩子工作了，在单位遇到什么事情，家长还要去单位找领导理论吗？

所以，在这种大前提下，偶尔帮孩子写作业是我想出的比较好的对策。既不会和学校老师产生正面“交锋”，又能够比较成功地守护女儿对学习和学校的热情。

我还帮女儿写过作文。当遇到老师规定写类似《你干过的一件家务活》的命题作文时，我就会对女儿“拔刀相助”。因为像月月那么小的孩子，根本就没做过什么家务，所以她不知道怎么写。于是，我帮她分析、想办法。我记得我帮她想过钉扣子、洗衣服这样的主题，实际上这两样她都不会，我就给她示范，告诉她扣子应该怎么钉，衣服应该怎么洗，但她不感兴趣，所以写出来的东西就不那么生动。于是她写完后我就帮她润色，加一些生动的、有童趣的表达。这样她的作文就好看了很多，还经常得到老师的表扬。月月本来就在语言方面有比较好的天赋，受到表扬等于给了她正向的激发，对于写作文她就越来越感兴趣，越来越有自信。

自信对孩子非常重要，没有自信的孩子，很多东西都无从谈起。帮助孩子建立自信，我的办法就是尽量不让孩子受挫。

我记得她上小学的时候，班里的座位都是按成绩排的，过一段时间调一次。成绩好的坐前面，成绩越不好座位越靠后，尤其是某个阶段成绩有所下降的孩子，会从前往后调。这样做对孩子的自信心是很大的打击。我们该如何面对呢？

帮助女儿在这个环境里保持相对优秀，她就会相对快乐。因为月月很在乎老师、同学对她的评价，所以我时刻关注她在班里、在学校是不是始终在第一梯队的行列中，不一定非得是前三名，只要保持相对优秀就够了。我也从不和孩子纠缠于“上次考了100分，这次怎么是95分？”“期中考试是第二名，怎么期末就成第四名了？”这样的问题，不给孩子过度施压。只要在前几名就可以，她会感觉到适度的压力，而不会感到紧张。

世界不是真空，没必要对孩子过分保护

当然，交流会的时候，也有无数家长问过我同样的问题：帮着写作业会不会让孩子养成撒谎、作假的习惯呢?

当然，如果单纯从对孩子的道德教育角度来说，这种做法确实不太合适。可是从保护孩子对学习的信心和兴趣的角度，又有许多父母无奈地做了这个选择。这或许是中国父母在面对当下教育难题时都会遭遇的两难选择。

孩子小的时候，他们一般不会想那么多。对于他们来说，只要得了“优”，他们就会很高兴。因为应试教育的学业压力太重了，所以我不会对孩子过分要求。有时候她回来告诉我考试有个错误，但老师没看出来，反而因此得了100分。遇到这种情况可能有的家长会说“应该诚实，找老师承认错误，该得多少分就得多少分”，但我不想让孩子承受太多，一般就会淡化处理，说一句“算了吧”，这事就过去了。

无论是工作还是生活，我自己都是一个有人格追求的人。我也认为父母应该是孩子最好的人格榜样。但我从来不拿连自己都达不到的标准去要求孩子，也从来不会什么丑恶面都不让她了解。因为孩子未来不会活在真空里，她要在这个社会上生存。如果对她过分保护，将来她只会不断地受到挫折和打击，而没有能力面对社会。

月月在耶鲁的一位女同学，妈妈是自然学科的教授，因为工作关系，女孩11岁就被妈妈带到新加坡生活。这个女孩智商非常高，她以A-Level考试第一名的优异成绩考进耶鲁大学，学习三四种外语，而且过目不忘。但是有时候她回国，她妈妈会非常无奈地跟我说女儿出门坐地铁、公交车，要么始终上不去车，要么上了车下不来，因为她不敢挤，也认为不应该挤；过马路，她从来不会闯红灯，结果会被人群干扰得在一个路口停留好久；和妈妈出去买东西，妈妈一还价，她就说“妈妈，这么便宜你还还价”。诸如此类的表现让她妈妈哭笑不得。

这个女孩，在新加坡、美国生活，完全没有问题，但如果将来要回国工作生活，恐怕要先吃点儿苦头才行。其实，从成人的理智来说，她所有的做法都是正确的且是“应当”的，但是如果我们真的拿这些标准一是一二是二地要求孩子，那孩子将来恐怕很难在社会中立足。

理性的父母，首先应该帮助孩子在学校这个环境里站住脚，等孩子有了是非辨别能力的时候，父母可以让他坚持他认为正确的事情，能到什么程度就到什么程度。

多创造『共情』事件

——爱孩子所爱

孩子不单单是希望父母听他说话，和他一起喜欢他喜欢的东西，还希望父母能够“共情”，能沉浸于他的那个世界，和他产生情感上的共鸣。

从月月2岁到20岁，从她上幼儿园到上大学再到步入职场，我始终和女儿保持着良好的互动关系。她从小到大习惯什么话都跟妈妈讲。即使在青春期相对叛逆的时候，她也没有对我关闭交流的通道，没有把自己封闭起来，遇到什么事情都会及时跟我说，有什么困惑或者烦恼总是第一时间想到找妈妈商量对策。哪怕她在美国，我在中国，彼此隔着太平洋，我们还是保持着密切而频繁的联系。当然，因为有了网络，她能够更便捷地向我描述她在工作和学习中经历的各种事情、各种感想和见闻。抒发感想的同时，她也会向我撒娇。

很多朋友羡慕我和女儿之间这种亲密和谐的亲子关系，纷纷问我其中的诀窍。我静下心来好好总结了一下，感觉有一条原则很重要——父母要“爱孩子所爱”。

对于孩子来说，从小到大，他们有一个始终如一的愿望：希望自己喜欢的东西爸爸妈妈也能够喜欢。但可能就是这样一个说起来无比简单的愿望，却有相当大一部分孩子在父母那里得不到满足。

在和很多同学、朋友聊天的过程中，我了解到，在中国父母那里，孩子的兴趣爱好并不是他们会去刻意重视的部分。尤其是孩子小时候，我们传统的家长权威观念总会跳出来占据很多人的头脑：“小孩子喜欢的东西都比较幼稚，大人怎么可能喜欢？”或者觉得“孩子喜欢的东西根本就没意思，没必要，只会影响学习成绩”。所以，中国的家长对待孩子兴趣爱好的态度就非常容易出现以下几种情况。一是任其自然，孩子喜欢就喜欢，跟父母没什么关系。二是对孩子的兴趣爱好嗤之以鼻，不以为意：“这有意思吗？花这个钱干什么？”三是绝对“打压”，生怕“闲情逸致”分散了孩子的学习精力，对将来进好学校、找好工作造成不好的影响。

其实，关注孩子的兴趣爱好是一个极好的与孩子交流相处的机会。月月小的时候，她看的所有书几乎我都看：新概念作文、秦文君的小说、《十七岁不哭》……这样做不但使我对孩子在关注什么有所了解，而且还能跟她有无限多的话题可聊。每当我们聊天的时候，她会感觉这个和她看同样的书的妈妈不再是高高在上的“家长”，而是和她一起沉迷在某个世界中的“伙伴”，从而对我产生一种与众不同的亲密感。

孩子需要你与他共情

女儿从小性格就很外向，特别希望有人跟她说说话、聊聊天。有时在家里，我和先生正在说件什么事儿，她让我们看什么东西，我们眼睛忙不过来的时候就先用嘴巴应着“好好好，知道了”。每到这时月月总是很不满意，跑过来使劲扳着我的脖子说：“妈妈怎么不看我?！”这样的事在她小时候发生过无数次，渐渐地让我感觉：孩子特别希望有人关注自己，而且会很在意跟大人说话时大人的反应态度。

我还记得月月上小学的时候，我骑自行车接送她上下学。每天放学后，她坐在自行车的后座上滔滔不绝地跟我说学校的各种事情，还时不时向我提问。我有时会因为单位的事情或者想着回家做饭有些心不在焉，就会随口反问她：“雨妞说呢？”“雨妞”是她小时候我对她的昵称。这样回应的次数多了之后，我的敷衍被她发现了。“不能老是雨妞说！妈妈没有好好听我说话！妈妈说！妈妈说！”月月上中学后，她有时候在家跟我说话，我偶尔走神她也会不满：“妈妈又眼神迷离了，妈妈又在想出版社的事情了。”我说：“没有，我听着呢。”她马上就会说：“那你重复一下，我刚才说的什么？”……

通过这些事情，我充分明白了：孩子不单单是希望父母听他说话，和他一起喜欢他喜欢的东西，还希望父母能够“共情”，能沉浸于他的那个世界，和他产生情感上的共鸣。所以，我在这些方面一直都比较注意。不管是女儿喜欢的东西，还是她喜欢的人，我都会去关注，去了解，包括她的同学和朋友。

当年我在出版社工作，是个著名的“工作狂”。虽然没有很多时间陪女儿，但我会尽量抓住和她在一起的每一分每一秒，并充分利用，让这每一分每一秒都变成增进亲子感情的有效时间。比如，每天我接送她上下学时，大部分时间都是她在叽叽喳喳地说，我听。但就在这听和说的过程中，我已经基本上把她不在我身边时发生的方方面面的事都了解清楚了。从小学到中学，她习惯从学校回来什么都说：同学、老师、上课、课外活动……每次我都很认真地听，而且很注意记住她强调的人和事。

记得她到人大附中读高中才一个多月的时候，有天回来她眉飞色舞地跟我说班上一个男生的事。就在我要跟她讨论时，她突然问："你知道这个男生是谁吗？"我说："当然了。你们班叫这个名字的男生有两个，一个姓刘，一个姓卫。"她一听我这样说来了兴致："那你说刘怎么样，卫怎么样？""卫不就是不爱说话、体育特好的帅哥吗？刘不就是化学特别好的那个吗？"她这下没话说了，但能看出来她很高兴、很得意，因为她给我飘了一个满意的小眼神。她从不当面夸我，但会对同学说："我妈妈挺好的，很开明，也很关心我。"

何谓亲子陪伴的优质环境

孩子所有的情况父母都了然于胸，才能够有的放矢地投其所好，把自己有限的工作之外的精力集中地投放到孩子看重而且感兴趣的地方。有段时间月月特别喜欢集邮，我就利用哪怕是中午一点点吃饭的时间，去邮局帮她找她中意的邮票，出差或者应酬的时候也特别留意关于邮票的各种信息，四处搜寻她看上的稀缺邮票……这样，即便我真正陪在她身边的时间不多，女儿也会觉得妈妈是时刻在自己身边的，因为她在意的事情，我真的做到了重视并且全情投入。

父母在孩子身上用的心、投入的感情，不是单纯凭物理时间叠加来衡量的，只要多增加和孩子一起相处的“有效时间”，利用每一个微小的工作间隙，让孩子充分感受到我们的关注，感受到我们投入的精力和爱，哪怕爸爸妈妈再忙，都没关系。

除了我和女儿，我还见过不少在与孩子互动这方面做得比较不错的父母，他们的亲子关系都特别好，父母和孩子之间就像朋友般平等，让人看了羡慕，也觉得舒服。

其实，只要父母对孩子有足够的爱，关注他所关注的，并且，只要在这方面付出了，孩子绝对能感受到，他也会感谢并感激父母。他会觉得既然他希望父母做的父母做到了，那他一定也会朝着父母希望的方向去努力。

现在，很多父母都已经意识到从小给孩子提供一个优质环境的重要性。但究竟什么是对孩子最好的优质环境？是有求必应的高水平物质生活——吃穿用都要最好的，全天陪他学习，送他上各种特长班？还是精神世界的关心与守护——和他一起喜欢、欣赏、沉浸于他成长过程中的种种兴趣爱好中，抑或是关注他的朋友？对此，其实还有相当一部分人没有弄明白。

当然，在爱孩子所爱这方面，我也是有遗憾的。月月初中时特别喜欢动漫，简直到了痴迷的地步。有时她希望我和她一起看，我也试着看，但看过两张碟之后，我发现自己实在看不下去，只能作罢。还有《哈利·波特》的电影上映，月月看完后还去书店买了J. K. 罗琳的系列小说来看。对于这套书她非常喜欢，经常要跟我讨论这讨论那。这套书我也试着看过，但实在看不下去。这两件事让女儿感到遗憾，因为她曾经最喜欢的两件事，都不能和妈妈一起分享她的想法和快乐。现在想起来我也有些后悔，如果时光可以倒流，或者让我“穿越”回去，我一定会把她喜欢的漫画和《哈利·波特》都看熟、看透，那样，我就会和女儿交流更多、更深，亲子关系也会更好。

『危险』的青春期

——不干扰是最好的陪伴

对待孩子青春期叛逆的问题，应像大禹治水，不是一味地堵，而是疏——疏通、疏导。我们要正视孩子这种特定阶段的生理和心理变化，不应动不动就把孩子绑在道德的耻辱柱上。

青春期是孩子成长过程中一个很重要的阶段，也是亲子关系特别重要的一个时期，父母稍有不慎，青春期就有可能变成亲子关系的危险期。

女儿有很多从小一起长大的朋友，有女孩，也有男孩。我和这些孩子的家长都比较熟悉。其中有很多孩子在小时候很听话，很乖，但到了青春期，他们的父母经常会向我抱怨："孩子变了，大人说什么顶什么，不像小时候那么温顺可爱了。他经常有一些莫名其妙的想法和行为，有时候还容易跟父母起冲突，明明不大的一件事儿，不知道为什么到了他那里就成了严重的问题。"厌学、离家出走、上网吧彻夜不归……这都是我身边曾经发生过的孩子叛逆的真实事件。

从理论上来说，青春期是孩子从孩童向成人转变的时期，这时候他们的生理和心理都会发生很大的变化。尤其在心理上，这是他们自我意识开始变得更加明确、更加强烈的阶段，原来在儿童期对身为保护人的父母的依赖性开始渐渐减弱，反而变得渴望脱离父母，以证明“自我”，独立为个体。因为这样的感觉很强烈，所以行动通常表现得敏感而激烈。

月月青春期的叛逆表现得不太明显。因为女孩子本来就相对听话，再加上她从小就不是叛逆性强的孩子。青春期变化特别大的是男孩子。因为男孩和女孩不同，他们的天性中有很强的攻击性，到了青春期，因为生理和心理的变化，容易变得好动、求异、寻求刺激，攻击性也就变得更为明显。而我们国内普遍的教育理念，很大程度上是压抑男孩的攻击性的。这就像压抑了一座即将爆发的火山，压抑得越严重，它最终喷发的猛烈程度也就越强。所以，青春期男孩的叛逆才表现得更加明显，与父母师长间的对立才表现得更加严重。

不是“变坏”，他们只是要强调自我

我的一个同事的儿子，跟月月同龄，因为住在一栋楼，所以他从小到大经常来我们家玩。男孩小时候非常听话，很有教养。每次来我们家都很注意时间，不管玩得多高兴，一到下午6点，马上起身告别：“我该回家了，阿姨再见。”我原来经常拿他做例子教育常常在外边玩得忘了时间的女儿：看人家某某，多懂礼貌，多有规矩。后来孩子们上了初中，我这位同事因为工作去国外交流一年，假期儿子去看她。她提醒儿子别只顾着玩而忘了写假期作业。儿子回了一句：“妈妈你不要讲了，这是我自己的事。”听到这句话，同事立刻愣在那里，不知道如何应对，因为乖巧温顺的儿子从来没有跟她说过这样的话。他们高中时，女儿有一次给我看这个男孩的博客，我看后大为震动，不太敢把这个在文字中大谈性的豪放男生和那个我记忆中温文尔雅的小绅士联系到一起。但事实是：这就是他，处在青春期的他，有了变化的他。

很多家长喜欢用“变坏了”这样的字眼来形容青春期的孩子。我不这么认为。女儿到了美国之后，跟我讨论过很多次这方面的问题。青春期是全世界的孩子都会发生变化的阶段，西方的孩子甚至表现得更加叛逆，但他们的父母却不会轻易给孩子下什么“变坏了”的结论。在美国，处在青春期的孩子们异性间会相互吸引，他们也可以公开谈论性，父母老师都不会把这件事当成洪水猛兽。

说实话，在刚看到同事儿子的博客里大段关于性的内容的时候，我很吃惊。我们这代人，从来没有接受过青春期教育，甚至在很长一段时间里，我们都无法正视自己的青春期。包括我们自己的孩子，“80后”的这批人，其实也没有接受过比较好的青春期教育。月月在刚看到这个男孩的博客时，甚至说“某某不是个好孩子”。我问：“为什么不是？”她说：“你看他写的……”

后来，我从理性的角度分析这件事：是不是我们都看得过于严重了呢？青春期的孩子，第二性征开始发育，无论是男孩还是女孩，都开始懵懂地知道自己和异性原来是不一样的。而随着他们自我意识和性别意识的逐渐成熟，自然也就想把这种不同强化得更加明显。所以女孩开始变得注意自己的外表，男孩开始偷偷关注性。出于羞涩和自尊，这些萌动他们没法跟周围的人分享，更不能与父母交流，所以只能在博客上抒发出来，他们并没有做出其他过激或者出格的举动。这些其实是无可厚非的。

当然，我的意思并不是说对孩子青春期的性萌动和叛逆行为完全放纵，孩子有过激的举动也完全不管不问。我只是觉得在对待孩子青春期叛逆的问题上，国外很多好的态度是值得中国家长借鉴的：就像大禹治水，遇到问题，不是一味地堵，而是疏——疏通、疏导。我们要正视孩子这种特定阶段的生理和心理变化，而不应动不动就把孩子绑在道德的耻辱柱上。

月月曾跟我说，即便是对她那些另类的美国同学，这些孩子的父母也不会过多干预。他们的态度是："你已经是大人了，只要对你自己的行为负责任就行了。"这样反倒不会影响这些曾经迷途的孩子成长为优秀的人。而中国的父母则习惯以"我是你父母，你到了80岁我也还是你父母"的权威心态来管教孩子，并给孩子施加压力。所以，如果这种理解和认识父母调整得不好，他们和孩子之间的冲突往往不可避免。

在孩子的青春期，父母需要做的是调整自己的角色定位，跟孩子保持平等对话，这是比较适当的姿态。因为孩子在叛逆期特别反感别人命令他、教育他。这会与他那个正日益强大的自我发生冲突。所以，如果这时候父母还是以管教的姿态出现，结果肯定适得其反。

陪孩子一起疯

——和孩子保持思维同步

父母的所谓“威信”，在孩子那里应该是他在心里真正尊敬你、信任你、认可你，一想到你，他就觉得是最温暖踏实的依靠和港湾。

和孩子一起疯这件事，算不上我的经验，其实倒有点儿是我的教训。

女儿天性活泼外向，小时候喜欢和爸爸一起疯一起玩。而我因为性格的原因，总是有一点儿放不开，再加上我的父母都是比较传统的人，我小的时候，他们从没有放下身段和我们兄弟姐妹们一起玩过，所以，月月童年时期我彻底俯下身子跟她一起玩闹的时候几乎没有，倒是先生，因为个性比较率真，经常能毫无架子地陪女儿疯玩个够。

月月到美国后，写过一篇作文，回忆小时候和爸爸妈妈一起玩的真实感受。她写自己经常被问到更喜欢爸爸还是妈妈，通常她会先回答“都喜欢”，然后再偷偷地趁爸爸在卫生间的时候趴在他耳朵边告诉他：“其实我更喜欢你。”我看到这篇作文后笑着问她：“你真这么说过吗？”她说：“真的。”我问：“为什么？”她回答：“因为小时候爸爸和我一起玩，一起疯，一起闹。所以，我觉得他离我特别近，愿意和他在一起……”

其实，从女儿上小学开始，我就已经渐渐意识到了这个问题。因为她总是回来跟我说某个同学的妈妈特别有意思，“（我的）妈妈特别没意思”。我让她讲人家的妈妈如何有意思，她说他们一群同学到那个女孩家玩的时候，女孩的妈妈扮成狼外婆，和他们一起做游戏，绘声绘色地很投入，让他们觉得特别好玩。她还说到爸爸跟她玩的时候的一些小事儿，这些都让我意识到：她其实很渴望我能像她同学的妈妈那样，跟她疯玩到一起。

于是，我开始很注意放低身段，跟她一起玩，一起做游戏，一起贫嘴开玩笑，陪她在网上聊天，还互相撒娇……这样做的效果特别明显，慢慢地，我深切感觉到女儿不再把我当成威严的妈妈对待了，她把我当成她最知心的朋友，有什么话都愿意跟我说，遇到事情愿意跟我分享，听我提的意见和建议。我们俩聊天，更像是朋友、闺密，尤其是现在，我们经常就一件事情发表各自不同的看法，有时候还争论得不可开交。比如，她现在比较重视也很懂着装，所以会经常在这方面给我一些提示和建议，有时还会调侃我一下……我真正体会到了什么叫作“水乳交融”的亲子关系，我们母女间和谐融洽，毫无间隙。而这种良好关系的形成，我认为是我和她一起疯的结果。

丢掉父母“架子”，重塑一种“威信”

在传统的中国教育里，父母总是在极力维护长辈的威严，认为这样才能在孩子面前保持具有震慑性和权威性的威信。所以大部分父母很容易在孩子面前端着，摆父母架子，这样做的结果是，孩子容易疏远你，怕你，躲着你，却不太情愿亲近你，他们不愿意把什么话都告诉你，当然更谈不上建立亲密无间的亲子关系。

对于现在的父母来说，我认为比较合适的做法是：该当孩子的玩伴就当孩子的玩伴。尤其是对于独生子女家庭来说，孩子从小比较缺少同龄的小伙伴，只能自己跟自己玩，会很孤独。这对孩子性格的健康发展其实没有好处。所以才有那么多孩子在青春期出问题，诸如网瘾、叛逆、性格上有缺陷等。如果父母从孩子小时候就陪孩子一起疯，一起玩闹，让孩子始终没有缺少玩伴的孤独感，那么，这不仅有利于良好亲子关系的形成，对孩子平稳度过青春期也有决定性的帮助。

不必担心这样做会失掉做父母的“威信”。当然，如果你觉得孩子对父母毕恭毕敬、言听计从、谨言慎行是父母威信的最好表现，那可能趴在地上和孩子一起玩泥巴对你来说有点儿“掉价”。但我认为，父母的所谓“威信”，在孩子那里应该是他在心里真正尊敬你、信任你、认可你，一想到你，他就觉得是最温暖踏实的依靠和港湾。孩子在你面前是放松的、愉悦的、自在的，愿意跟你推心置腹。这种亲子关系，我相信是每一个做父母的人都向往的。

跟孩子分享成人的生活

当然，和孩子一起疯并不意味着父母彻底放下一切，对孩子毫无原则。不同年龄段的孩子，对待父母的态度也会发生变化。父母不管如何做，都是为了和孩子保持良好有效的沟通。我见过一些很慈爱也很能和自己处在中小学阶段的孩子玩到一起、说到一起的妈妈，但后来在孩子上了大学或者走入社会以后，因为这些妈妈不太注意“与时俱进”，所以逐渐变得跟孩子无法沟通了。

每个孩子都是极为聪明的小天使，他们的洞察力和理解力远远超乎成人的想象。对于父母随和、轻松和放任、娇惯、毫无原则的区别，孩子其实都能敏锐地感受到。所以，如果是胸有成竹的父母，能够掌握好“松紧”的尺度，孩子一定能感觉到父母的原则和底线，他们非但不会不把父母当回事儿，反而会更加尊重和认可。

另外，除了关心孩子关心的一切，比如他的朋友、他的兴趣之外，父母还可以把自己的日常生活和孩子一起分享。如果孩子也开始关心父母的日常生活，那亲子之间的对话就不会中断。从孩子小时候开始，爸爸妈妈可以把自己的日常生活讲给孩子听，比如下班后跟孩子聊天，将自己一天中遇到的好玩有趣的事情跟他分享，如果孩子感到好奇，可以进一步告诉他更多。这样不仅能让孩子了解到自己世界以外的广阔天地，还能让他的人生阅历更加丰富。

所以，父母不仅要能够俯下身和孩子一起玩，一起疯，还要跟着孩子一起长见识，跟上孩子世界的变化。同时，父母也要乐于让孩子参与、分享自己的日常生活，这样才能够始终和孩子保持通畅的沟通，保持亲密良好的亲子关系。

敬畏生命

——保护孩子对万物的悲悯之心

孩子身上有许多人性深处正向的、值得珍惜和留存的特质。父母在各自不同的成长环境和岁月蹉跎的磨砺下，将这些特质渐渐消磨或者掩埋了。是孩子反过来教育和提醒着我们，人性深处还有那么多本真的美好。

小学三年级时，女儿写过一篇作文，讲了一个这样的故事：她在家里养了一只小鸡，小鸡可爱又伶俐，给她带来了很多快乐的时光。但秋天到来的时候，长大了的小鸡却被妈妈杀掉吃了……老师当时对这篇作文的评语是“伤感，动人”。我看到之后也被女儿行文间那股悲悯和感伤打动了，并且深感欣慰：不知道从什么时候起，孩子已经懂得了对生命的爱惜和敬重。

其实，我们家没有养过小鸡，自然也就没发生过杀鸡的故事。但月月为什么会写出这样的作文，具体原因我没问过她。根据我的观察和判断，她是因为看过我做饭时切买回来准备吃的鸡，有了感触，所以凭借想象写出了这样一个养鸡、杀鸡的故事。其中的养育细节肯定是从书本和电视上学来的，但对于杀鸡这个举动的不忍与伤心，则是她真实的感受。

看过那次作文以后，我突然意识到：自己杀生的这种行为已经对孩子心灵造成了很大影响。我生长在二十世纪五六十年代，小时候家里有弟弟妹妹，所以我很早就帮着母亲做家务。做饭时，杀鸡这样的活往往就让身为老大的我干了。那时，从来没有人给过我们关于生命的教育，我记得自己少年时甚至还杀过甲鱼。那是一个感情粗粝的年代，没有人意识到这样的举动会给孩子的情感造成怎样的影响。就连我自己也没什么特别的感觉，虽然第一次杀鸡时也害怕，但是知道害怕也没用，照样还得做，所以干脆硬着心肠一刀下去……事后还觉得自己特有本事呢。

但女儿跟我所处的时代不一样，如今的家长其实是有条件对孩子进行生命教育的。我坚信孩子的天性肯定是悲悯的、爱护和珍惜生命的，而父母做出的哪怕是杀鸡、杀鱼这样的小小举动，也有可能对孩子宝贵的天性造成冲击，让孩子产生父母无视生命的感觉。

后来月月上初中时，回家给我讲了一件事：生物实验课上，老师解剖青蛙，有些女同学当场就哭了。这件事给我的震动非常大。可能有的父母会说："胆小，没骨气，解剖只小小的青蛙都吓哭了。"但我觉得这是一种孩子发自内心对生命的疼惜、敬畏与不忍，这是非常值得父母珍惜的部分。

月月小时候胆子挺大的，没有被动物吓哭过，但我见过亲戚的孩子被蜗牛吓哭过。我想，孩子之所以对这些东西感到害怕，其实和大人世界中的恐惧原因是一样的，应该都源于不了解。他不知道这些奇怪的东西是什么，不确定它们会不会对自己造成伤害，所以会有不确定感和不安全感，正是这种不确定感和不安全感让孩子哭了。

孩子对于生命的珍惜和悲悯，我相信是天生的。他们之所以恐惧，只是因为不了解。父母要让孩子知道，除了人类，地球上还有许许多多的生物，它们的生命都很珍贵。

意识到这一点后，我在家里就非常注意，再也不做类似于杀鸡这样的事了。鸡鸭鱼我们都是在菜市场让人帮着处理好再拿回家。我要保护好女儿对生命纤细、善良、悲悯的感情，同时，也给自己补了一堂生命之课。

这，是女儿给我的教育。

在月月成长的过程中，我在不断地体会，也在不断地感慨：其实，有时候父母在孩子身上学到的东西要远比孩子从父母身上学到的东西多。孩子身上有许多人性深处正向的、值得珍惜和留存的特质。父母在各自不同的成长环境和岁月蹉跎的磨砺下，已经将这些特质渐渐消磨或者掩埋了。是我们的孩子反过来教育和提醒着我们，原来人性深处还有那么多本真的美好。

但如果父母不懂得反思，不懂得把孩子当作一面镜子，同样也不会进步。

被信任的孩子更自尊

——经验来自体验

信任孩子，信任他处理问题的能力，信任他选择朋友的能力，信任他保护自己的能力。如果还是不确定，可以教他遇到什么事可以怎样处理，但最好不要彻底斩断孩子去体验的机会。

月月读初三时，15岁，已经出落成亭亭玉立的少女，说话利落，行事干脆，从来不拖泥带水。有一天她放学回来，跟我说话突然忸忸怩怩起来：

“妈妈……我想跟几个同学一起出去玩。”

“行啊，没问题。”

“我们……去郊游。”

“去呗。”

“要是……要是住一夜行吗？”

“可以啊。”

“那……有男生一起行吗？”

“可以。有男生更好一些，遇到事情更容易解决。”

对话结束了，除了这些回答，我没有多说一句，没有多问一句。女儿好像一下子释然了，紧绷的小脸露出了轻松的笑容，哼着歌蹦跶着回房间了。

看着她轻快的背影，我也微微地笑了。

其实她平时说话从来不会那样吞吞吐吐，那天她之所以忸怩，我知道她担心什么：几个女孩子结伴出去，要过夜，还有男生一起……也许在回家提这个要求之前，她心里已经做好被拒绝的准备了。但是，我没有拒绝她，不是因为不忍心打击孩子，而是我真的觉得这件事情没什么。

过了几天，月月一脸沮丧地回来告诉我：郊游取消了。她说：“除了你，没有一个同学的父母同意，他们说不放心。”

关于这件事，事后女儿没有再跟我说什么，但有一次在姥姥家她跟我妈提到这件事，很由衷地说了一句：“我觉得我妈很开明，这挺难得的。”

我妈后来把这句话转述给了我。女儿能认可我，我当然高兴，但是我真的不觉得自己难得。我始终觉得父母应该相信自己的孩子，信任他们在适当的年龄、适当的时候能够面对、承担、处理一些事情。比如这次郊游，孩子都十五六岁了，一些能够预见的情况他们肯定有能力处理。而且，孩子们没有那么

“笨”，在有了性别意识以后，他们会有本能的意识，知道一些事情应该回避，应该保护好自己。再说，和她一起出去的好朋友，我也都很了解，相信都是很正派的。

信任孩子，信任他处理问题的能力，信任他选择朋友的能力，信任他保护自己的能力。如果还是不确定，可以教他遇到什么事可以怎样处理，但最好不要彻底斩断孩子去体验的机会。

孩子的处事能力并非天生

孩子处理、应对事情的能力，有天性的成分，也有教育的成分。我小时候就不太会应对一些突发状况，容易发慌。还记得10岁的时候，我经常早晨起来送弟弟去幼儿园，在路上遇到一个陌生人都会慌张得要命。那时候父母也没有给我们这方面的教育和训练。所以有了女儿之后，我便有意识地从小锻炼她独立处理事情的能力。在很多事情上我们不会过度保护她，也不会替她处理，她自己能做的，就放手让她去做。这样一来，她反而能发挥得更好一些，从小就比较能够想办法让自己摆脱困境。

上小学的时候，她因为丢三落四（这是她天性中始终难以改变的特点），偶尔会晚上忘记写作业，第二天一早起来才发现要交的作业一点儿没写。这时候我通常不会着急上火，我告诉她要自己想办法处理，只是不要向老师撒谎。于是，她就在第一节课课代表收作业的时候交上去，下课时再到讲台上把作业本抽出来，利用课间写一点儿，第二节下课再写一点儿，等到第三节下课，她就写完了，再将作业本放回去。既没耽误老师批改作业，也没向老师同学撒谎，更没受到老师的批评……诸如此类的很多事，她都能想办法应对。等到月月长大了，我们就更加信任她，相信她可以处理更多、更大的事情。

所以，要给孩子更多的训练和指导。即便他天性不是那么善于处理各种状况，他也会在实践中“熟能生巧”，经历的事情多了，孩子自然也就会最大限度地弥补和规避天性中的不足。

并且，能得到父母的信任的孩子，也会懂得尊重自己，知道什么是行为的界限。父母在平时的所作所为中已经给他树立了榜样，他当然知道你希望他做什么，不希望他做什么。

我曾经在《读者》上读到一个故事：一个在教育孩子方面颇有心得的妈妈，一直对女儿施行“赏识教育”。对孩子的一切行为举止，妈妈都以夸奖和鼓励为主。但是女儿高考完之后，发生了一件事。十几个女孩想出去狂欢一夜，彻底放松一下。对于这个请求，妈妈断然拒绝了，而且没有任何商量的余地。女儿的很多同学轮番打电话为她求情，妈妈就是不同意，理由是“女孩子绝对不能在外面过夜”……看到这里，我对这个妈妈的举动有一些不理解：既然之前对女儿进行的都是赏识教育，那么，一个你这么赏识的孩子，为什么在这种事情上反而不信任她了呢？

从某种意义上说，我不是很赞成夸张地夸奖孩子。我认为对孩子的评价应该是由衷的、实事求是的。做得好就是好，不好的话可以适当鼓励，但没必要为了赏识而赏识，做得不好的地方也要夸，做得好的就夸得很夸张，不是很真诚。其实等孩子大一点儿了，父母真不真诚他都能够感受得到。如果不是由衷的夸奖，孩子也会不愿意接受。

信任是一种力量

要信任孩子，信任他有享受成功和喜悦的淡定，也信任他有承受失败和失落的坚强。民国时，宋霭龄、宋庆龄、宋美龄——著名的宋氏三姐妹，她们都在十五六岁的年纪，被父母送到遥远的美国独自留学。那会儿天高地远，通信手段又不发达，坐船前往需要好几个月。但她们的父亲宋嘉树并没有因此而缩手缩脚、怕这怕那，把女儿放在身边做平庸的大家闺秀。他选择信任她们，给她们接受更先进、更多元教育的机会，给她们走向更加精彩的人生的机会。

结果，三姐妹在后来的人生道路上都走出了属于自己的人生，她们对二十世纪的中国产生了巨大的影响，并在一定程度上影响了中国的历史进程。而这一切的发生，与父亲宋嘉树最初的选择密不可分。一百多年前的宋嘉树能做到，为什么更自由、更方便的今天，作为父母的我们做不到呢？当然能！

在有些事情上，父母首先放开了，孩子也会渐渐习以为常。月月刚到美国的时候，遇到很多困难，很苦闷，她经常在博客上写自己的失落和沮丧。尤其是第一次在美国过生日的时候，她写："难道我的18岁生日就要在异国他乡孤独地度过吗？"我看到这些，会给她打个电话安慰一下，但不会过多地询问她、娇惯她，因为我很清楚这是每一个初到国外的孩子都必须面临的坎儿。结果她很快就调整过来了。生日那天，她主动跟同学说："请大家祝我生日快乐！"很多认识的不认识的同学，都对她说了"生日快乐"；好几个男生组成的乐队组合，还跑到她楼底下给她唱生日歌……我相信女儿不会在大洋彼岸独自沮丧，而她也真的收获了很多。

第四章

情商：生活即教养

从某种意义上说，

孩子是一张白纸，

个性的养成和塑造绝大多数时候需要父母完成。

你想让这张纸上呈现怎样的图画？

是有大格局、大气象，

还是只关注自己一亩三分地的小生活？

这是父母根据自己的具体情况做出的具体选择。

生活即教养——从日常点滴培养孩子的礼貌习惯

教育孩子，要从五个方面做起：诱导他的秉性，拓展他的志向，培养他的才能，鼓舞他的勇气，克服他的毛病。最好的教育，就是让孩子在没有察觉的情况下受到潜移默化的影响。

我一直都忘不了那个台湾男孩。

他曾经是我们的邻居，跟着做生意的父母来到北京，租住在我们家所在的住宅楼里。他看上去只有八九岁，但每次我们在电梯里遇到，他总会微笑着跟每一位邻居主动打招呼，“叔叔”“阿姨”叫得既亲切又热情；电梯停下后，他总是先用手微微挡在门边：“爸爸请走，妈妈请走。”然后像一个小绅士般护着妹妹离开；我还在地下车库看到过专门接送他和妹妹上下学的司机，兄妹俩对司机非常有礼貌，恭恭敬敬，没有一点儿骄矜和盛气凌人……

每次看见这个男孩，我回家总要跟先生念叨两句：孩子是父母的影子。看到这个孩子的表现，我们就可以推测出他的父母也是非常有礼貌、有教养的人。这样的孩子，一定是从小父母就随时随地言传身教的结果。可惜的是，他们住了没多久就搬走了，后来我再也没见过像他那么有礼貌的孩子。

从月月很小的时候开始，我和先生就很注意对她礼貌习惯的引导和培养。比如跟她说话需要指称别人的时候，我们从来不直呼其名，都是“某某叔叔”“某某阿姨”“某某哥哥”“某某姐姐”，不管是在外面当着别人还是在家只有家里人，都是如此。所以从小到大，除了她自己的同学和朋友，在女儿嘴里从来听不到直呼长辈或平辈名字的时候。别人因为这件事夸奖她，她也只是笑笑，不说话。因为这种做法对她来说就像吃饭睡觉一样平常，她根本不觉得有什么特别之处。

除了在日常生活中对女儿进行一些基本的礼貌习惯的培养之外，我还会有意识地把女儿带到一些社交场合去，让她见识得体的工作、应酬语言和礼仪。同时，在每一个场合，我也会非常注意自己的言行举止，这样做除了表示对别人的尊重，我还要给女儿当一名合格的老师。

潜移默化是最好的教育

孩子的礼貌习惯，反映的是一个家庭的教养和父母的素质。对此，很多人可能觉得无所谓。“我的孩子需要见人就打招呼吗？人家不理他还显得尴尬呢。”“会不会在社交场合说话有什么关系，学习好能进上流社会自然就学会了……”我经常听到有些家长这样说，他们唯一关心的是孩子的学习，至于其他方面都无所谓。我有一个朋友，女儿读高中了，一家人都非常重视女儿的学习。朋友经常打电话跟我交流孩子的学习，但几乎从来不说其他方面的事。直到有一天，我遇到跟这位朋友在同一单位上班的另一位同学，聊天说起孩子，同学形容朋友的女儿，第一句便是“没有礼貌”：到了妈妈单位从来不跟其他人打招呼，直接就跑到妈妈身边去了……

孩子有这样的表现，百分之百的责任在家长。首先是父母并没有重视礼貌这件事。孩子从小没有接受过这方面的要求和引导，自然不会把见人要打招呼这样的基本礼貌当作一回事。我在去各地做留学讲座的时候，见过形形色色的家长和孩子，有些孩子确实学习成绩非常优秀，但他们的礼貌习惯确实不敢恭维。他们的父母对此也熟视无睹，表现得一点儿都不在乎。在他们看来，孩子能考多少分，进一所什么样的大学，找一份多么好的工作才是最重要的。至于跟人讲话时应该怎么表达，对什么样的人应该用什么样的交流方式，这些“不怎么重要”的事情，孩子没有必要刻意注意和学习。

我想这些父母可能没有想到，孩子将来要走向社会，要承担各种工作。那时的他，不是作为一个标明成绩的工具，而是一个立体丰满的人出现的。无论从事何种工作，都需要与人打交道。如果他没有基本的礼貌和教养，即使再有能力，恐怕别人也不愿意与之交往。而缺乏健康、顺畅的人际关系的人，在其他方面也不会有太好的发展。

教育孩子，要从五个方面做起：诱导他的秉性，拓展他的志向，培养他的才能，鼓舞他的勇气，克服他的毛病。最好的教育，就是让孩子在没有察觉的情况下受到潜移默化的影响。其实，关于礼貌习惯的培养，我并没有给女儿过多的说教，几乎很少跟她讲“你应该怎么怎么样”的话，只是在日常生活中注意随时随地用自己的言行给她做示范。当她看到你如何同别人讲话，如何对待别人，别人才是愉快的；如何处理意见，事情才能取得好的效果，她自然会乐意效仿。这是家长的熏陶和浸染。

另外，我和先生带她出去的时候，如果遇到特别没礼貌的孩子，也会适当地点评一下，让她知道这样的情况下怎样做是比较恰当、礼貌的。没有哪个孩子是不乐意向好的榜样学习的，所以，当我们告诉女儿关于礼貌礼仪的问题时，她很愉快就接受了。

不指责、不评判

——让孩子独立面对矛盾与冲突

即使是孩子，也有自己的交际方式，他们也需要学习如何与他人相处得更好。而这种学习，有时候是要通过发生矛盾、解决矛盾的过程来完成的。

月月两岁多的时候，有一天我去幼儿园接她，看到一位我认识的父亲正抱着自己的儿子跟老师告状。原因是另外一个孩子抓了他们家儿子的脸，他一定要等那个小朋友的父母来给他道歉。

看到这有点儿滑稽的一幕，我轻声笑着摇了摇头，抱起女儿离开了幼儿园。这样的家长我之前在幼儿园见过不少，都是因为不到1岁的孩子被别的孩子不小心抓了碰了，他们心疼得要命，就非得不依不饶地找人家父母讨个说法。将心比心，这些父母的心情我完全理解，只是，讨说法又能讨来什么呢？对于一个不到1岁的孩子，你能要求他懂事、懂规矩到什么程度？即使孩子父母给你道歉，又能起到什么作用呢？

我曾经看过一项研究成果，大意是现在中国的男孩渐渐有弱化趋势，变得不那么阳刚、坚强，往往遇到一点点挫折或伤害就承受不了。这种现象就是因为在多年独生子女政策的社会现实下，父母对作为家里“独苗”的男孩从小保护过度的缘故。对男孩本身的攻击性及他们受到的攻击性行为，父母一概不能容忍，不能容许自己的孩子“吃任何亏”。

这样的教育方式其实很不正常，因为即使是孩子，也有自己的交际方式，他们也需要学习如何与他人相处得更好。而这种学习，有时候是要通过发生矛盾、解决矛盾这样的过程来完成的。

孩子们自己的“矛盾”，让他们自行解决

对男孩来说，攻击性是天生的。在一个男孩的成长过程中，攻击性行为是他学习社交的一种方式。他要通过这种方式学会如何与人相处，怎样跟人建立亲密关系，学会与人交往的行为模式，学会妥协，学会包容，学会底线……如果完全没有攻击性，男孩也就不是男孩了，因为他丧失了与这个世界发生最初、最原始的接触、试探、了解的能力。

我还记得我们小时候，院子里的男孩们天天打架，碰破胳膊、打破头的事情也会有，但也没见谁的父母吓得不得了，去找对方的父母讲理讨说法。大部分情况都是父母“视而不见”，把这当作非常平常的一件事就过去了。如果稍微碰破点儿皮，父母就大惊小怪，容忍度非常低，受到保护的男孩阳刚之气会渐渐萎缩，他在社会交往中的承受力、顽强意志的形成，自然就会受到影响。

和男孩使用攻击性行为不同，女孩是用语言来与世界交际的。我记得月月小时候经常跟小朋友斗嘴，一起玩着玩着就吵起来了，然后就开始哭。原因无非是她抢了我的玩具，过家家的角色分配商量不好……而且，月月从小不仅语言天分比较强，她还有一种与小伙伴相处的特殊方式——哭，惊天动地地哭。甚至有一次我在十楼都能听见在楼下空地上玩的她在哭。这样哭容易让对方手足无措，自然就来关注她，哄她。但遇到她跟小伙伴吵嘴、哭的时候，如果我在场，一般都只是简单地过问一下吵架的原因，然后尽量“敷衍”和“淡化”。“她抢你东西了？下次玩的时候注意点儿就行了。”“过家家老演妈妈有什么意思，我觉得演爸爸才好玩呢。”……我尽量不指责评判任何一个具体的孩子，只在中间“和稀泥”，或者把他们的注意力从发生争执的焦点上引开。孩子们自己的“矛盾”，让他们自己去调和，去解决。在这个过程中，每个孩子都获得了成长。

模仿是孩子在幼年时期最主要的学习方式，我们要在与孩子朝夕相处的时间里向孩子逐渐渗透自己的价值观和人生观，给孩子创造积极向上、健康乐观的家庭氛围，带孩子出去与人、事接触，遇到和小朋友打架、闹矛盾这样的事情时，采取合适的方法让孩子懂得什么才是合适的与人相处模式，帮他从小养成良好的人际关系模式……

在女儿的成长过程中，我还会尽量通过具体的事例让她明白：如果想让别人跟你一起玩，就要懂得分享。在姥姥家吃东西时，我会让她给大家都分一点儿；和小朋友玩，我会鼓励她有什么玩具都和大家一起玩：渐渐让“分享”成为她生活中一件很正常、很习惯的事情。

长大后她也是这样，从来没有什么东西让她形成独占的意识，无论什么，她都乐意跟别人分享。在人际关系中，这本身就是一个良好的开放信号：我愿意与你分享，也乐意与你沟通。这是她无论在中国还是美国，无论在学校还是职场，始终都能与身边的环境和人保持正向的积极关系的重要基础。

『金钱』的次序

——帮助孩子建立正确的财富观

从小让孩子懂“钱”，尝试着“挣钱”，目的反倒是让他们长大后不要过于在意“钱”，过于追逐“钱”，仅仅为了“钱”而忽略更多更重要的东西。

月月还在小学三年级时就已经开始“经商”了。

那时家里有不少她看过很多遍的书，堆得很凌乱。我就跟她说：“我知道美国的小朋友经常把自己不用的东西拿到跳蚤市场上去卖，挣点儿零花钱，我觉得这种做法挺好，你也可以把看过的或者用不着的书拿去卖掉，我们不在乎你卖多少钱，而是让你去尝试，训练你这种能力。”

女儿对新鲜事物天生好奇，一听我这样说她很兴奋，马上问：“那我该怎么做呢？”我开始帮她出主意：“你可以拿一张挂历纸，在上面写一段广告词，比如‘叔叔阿姨，这些是我看过的书，我觉得很好，也希望能对小弟弟小妹妹有帮助……’我再给你买些标签纸，你可以把它们贴在书的封底，写上你想卖的价格，价格你自己定，每本书可以不一样，根据你对它们内容的判断和新旧程度来决定。”

到了周末，我用自行车带着月月和她整理好的满满一箱子书、她写好的广告纸、准备铺在地上当垫子的旧报纸来到中关村的一个十字路口。我们找了块空地，把报纸铺上，拿出书摆好，她坐在马路边上看着。我说：“妈妈过两个小时来接你。”就转身走了。那天还特别巧，正好有个朋友路过那里，看到女儿，给我打电话说：“那么小的孩子，把她一个人放在那里，你也放心？”我说：“没什么不放心的。”

两个小时后，我准时骑自行车去接女儿。她一见到我很兴奋，回家的路上抱着分量明显轻了很多的箱子叽叽喳喳跟我说卖书的经历：一共卖了多少本，都是什么人来买的，卖掉的都是什么类型的书，有的书不是人家不喜欢，而是觉得定价有些高，那她就回家修改定价……我一边跟她聊着天骑车，一边在心里得意于自己这个决定。看来月月喜欢这样的体验，她在其中找到了乐趣和成就感。所以，接下来的好几个周末，只要没有必须不可的安排，月月和我的安排通常都是——卖书。

做过了很多次之后，月月还有自己观察体验的卖书经验总结，比如：“我白衬衫背带裙的形象特别好，人家一看我就是学生，比较单纯，不是摆摊做买卖的，就愿意买我的书，也比较相信我给他们推荐的书。在我旁边摆摊的叔叔的书，他们就不买。”

这样的卖书活动，我和女儿大概持续了一个学期。后来到了四五年级，有了小升初的压力以后，学习渐渐忙了起来，卖书活动就相应地停止了。我记得当时有同事跟我说：“你这样做可不好，把孩子培养成‘钱串子’怎么办？”我笑笑，并不出声。但也有同事专门跑过来说：“那天在中关村看见你们月月了，卖书呢。真不错！”

是的，我也觉得真不错。

尝试着“挣钱”，是为了长大后不会过于在意“钱”

这种从小有意识地培养孩子的金钱意识和对金钱的态度的方法，是我从国外很多教育类书籍和电影中学来的。在国外成功的教育观念中，大人并不觉得让孩子挣钱是什么不好的事情。他们习惯于让孩子从小就力所能及地分担家务——洗碗、擦地、收拾屋子、修剪草坪……并以此从父母那里挣零花钱。这样做，可以让孩子形成一种凭自己的能力挣钱、独立生活、将来需要自己养活自己的意识。而在中国人的教育观念中，父母是不愿意或者说比较羞于和子女算钱的。我们总觉得一说钱就显得市侩、计较、破坏感情，不像一家人。但我觉得，西方的这种关于金钱的教育方式给孩子更多的影响是独立生活的意识和能力，跟单纯的“金钱”其实倒真没有太多太大的关系。

培养孩子恰如其分的、正确的财富观念，目的并不是要求他必须挣多少钱，或要求他独立得越早越好。我的初衷，是想通过这样的方式让孩子拥有完整的独立意识和能力。

有段时间，在“花父母钱”这件事上，月月变得很介意。尤其是到了美国之后，她开始对向父母伸手要钱的行为感到不齿。在耶鲁大学上学期间，她是学校国际导游团的团长，有其他国家的人去耶鲁大学参观，都是他们负责提供导游服务。那段时间她的报酬很高，自己买了电脑，也很有独立的自豪感。但我还是提醒她：不能因为想着挣钱而影响学习。

如果纯粹从金钱角度来说，我并不希望女儿太早地对钱的感觉太强烈，我不希望她太物质，不希望她过早地靠自己。因为一个人如果让追逐金钱的念头占据了大脑中太多的空间，就没有足够的精神留给梦想和情怀。从这个角度说，我希望女儿活得“精神”一些，追逐那些她从内心真正喜欢并且愿意为之付出热情和激情的事业。

本科毕业找工作的时候，她同届绝大多数同学都进了投行之类的金融机构，薪水高，福利好，选择媒体行业的人只有她一个。在做最终的职业决定之前，她也跟我们打电话或者在网上反复沟通。我能够感受到她心里的纠结，因为一个不是从小就接受美国本土教育的人，投身新闻能有出路的可能性太低；而且，在美国做记者，薪水也确实不算高。发现了她情绪上的波动后，我们就不断地鼓励她："爸爸妈妈希望你能勇敢追求自己的梦想，不愿意你仅仅为了钱找一份自己不喜欢或者不擅长的工作，必要的时候，经济上我们可以帮助你。"我们也害怕她因为过于追求独立而向一些东西妥协。

我始终认为，如果家里条件允许，家长一定要支持孩子追逐自己的梦想，让孩子做自己真正喜欢的事情，而不是把薪酬福利当成选择职业的唯一标准或者首要标准。

所以，从小让孩子懂"钱"，尝试着"挣钱"，目的反倒是让他们长大后不要过于在意"钱"，过于追逐"钱"，仅仅为了"钱"而忽略更多更重要的东西。同时，度的把握也很重要。既不能让孩子过于计较金钱，变成"钱串子"，也不能让孩子过分沉溺在"独立"的想法里，最后反倒被"独立生活"必需的金钱所俘虏。

拥有正确健康的财富观，拥有完整的独立意识和能力，对这样的孩子来说，物质生活一定不是问题，关键是孩子的梦想和他真正想做的事情。不要让“钱”成为孩子梦想之路上的绊脚石，这才是关键。

多带孩子『社交』——尽早为孩子铺就情商底色

在适当的时候，把孩子带在身边，让他很自然地学习你工作的状态，这是对孩子最好的职场教育，也是父母很容易就能做到的事。

在耶鲁大学读书期间，月月几乎每个学期都要找地方实习。这样做倒并不是学校的硬性规定，而是她发自内心的想法和愿望。因为她一直对媒体写作感兴趣，所以渴望接触社会、了解社会。做一个为社会记录和发声的人，是她的职业理想。

在走出校园到社会实习之前，她没有任何职场经验。但是，几乎在每一个她实习过的机构，月月都能得到很好的评价。职场尤其是媒体领域对她来说，就像是一个充满了无限魅力的地方，一到了那里，她全身的干劲就都被激发出来了。每次分配的工作任务，她都特别重视，而且积极主动的程度让老板都感到意外，因为她不但工作日干活，周六、周日也经常加班。

月月是个在某些方面相对单纯的孩子，她不懂得故意做出加班的姿态讨老板欢心，在她的观念中，只要工作需要，所有个人问题都可以为此让路。有一次她跟同学一起去旅行，突然接到催稿的电话，二话不说背起电脑就回宾馆……她第一年实习时，所在机构的老板给了她一句评价，至今我都清楚地记得，而且这句评价现在也在月月身上一点一点变成现实。这位老板说：“积极主动是你将来职场制胜的法宝。”

平时，我跟同学朋友聚会聊天，大家原来经常谈论的话题是孩子的学习与学校，而如今随着孩子年龄的增大，大家的话题开始逐渐转移到孩子的工作上来。有个朋友的孩子是我看着长大的，从小到大成绩都很优秀，在学习和学校这方面几乎从没让父母操过心。但就在研究生毕业那年，问题来了。刚刚进入工作单位的他，突然感到了前所未有的困惑和茫然。面对一个完全不同于校园的全新环境，专业知识从理论到实践的迅速转换，需要小心翼翼维护的办公室关系，各种各样的职场潜规则……朋友说有一年多的时间，他儿子下班回来就躲在自己的房间里，长时间地沉默。大人不知道他在想什么，问他他也不说，但是从他总也舒展不开的眉头来推测，应该是工作不顺心。他这样的表现，很令家人担心但又不知道如何帮他，一家人长时间生活在沉闷的低气压下，每个人都不开心。

我在出版社工作，每年单位都会招收新员工，其中绝大多数学历都非常高，不是硕士就是博士，而且毕业的学校在国内也都是数一数二的，但是通过多年的观察我发现：一个刚刚进入职场的新人，他对工作环境的适应能力和在学生和员工角色之间的转换能力，其实和他从哪所名牌大学的哪个知名专业毕业没有直接关系。这个问题并不涉及智商，而是一个职场情商高低的问题。

“职场情商”是可以被教化和训练的

有人可能会说：孩子的情商高低，不是天生的吗？如果他天生情商水平不高，可能怎么努力都没有用。但我认为，在这方面，人是可以被教化和训练的。

在获得了2011年奥斯卡金像奖最佳影片、最佳导演、最佳男主角、最佳原创剧本四项大奖的电影《国王的演讲》中，英国国王乔治六世患有严重的口吃，他性格内向，平时跟家人说话时，人一多他都说不完整，更别提在全国人民面前进行公开演讲了。但是，国王的职责和义务要求他必须具备良好的演讲能力，而且第二次世界大战爆发，德国军队冲破防线进攻波兰，英法被迫向德国宣战，民众迫切需要一场振奋人心的来自国王的演讲。怎么办？

训练。

在一位落魄但非常具有技巧的舞台剧演员的帮助和训练下，乔治六世克服了自己生理和心理的障碍，完成了著名的国王的演讲。以后，每次战争演说，那位演员“医生”都陪伴在乔治六世身边。国王流畅而有力量的演讲极大地鼓舞了人民抗击法西斯的斗志。

这个故事给了我很大触动，俗话说“习以为常”，如果一种情境或一种行为经常在一个人的生活中出现，他需要经常设身处地地活动其间，那慢慢地，不管这种情境或行为是恶劣的还是美好的、简单的还是困难的，对这个人来说，都不会是太大的问题。日后他如果碰到类似情形，肯定不会有难以逾越的适应障碍。

这便是我从女儿小时候就开始带她体验职场和社交的初衷和依据。

从月月懂事开始，我的工作场合只要能带孩子，而孩子的时间又方便的话，我就一定带她去。她上小学时，我工作的出版社每年都要参加在中央党校举行的全国图书订货会。订货会举行的时间她正好放寒假，只要她自己没有别的安排，我就会带她去订货会现场。订货会现场环境比较差，就设在一个像农贸市场的大棚子里，四面通风，很冷。但那会儿书的行情好，每次来订货的人都很多，整个会场人声鼎沸，很热闹。现场的工作量很大，我非常忙，但仍然不忘给月月一沓出版社的宣传单，让她像个小报童似的去发传单。

接到这项“工作”的月月很兴奋，因为这是她之前从未接触过的“游戏”。拿着一沓宣传单走，一会儿就回来了。“妈妈，我发完了，再给我点儿吧。”我问：“你怎么发的？”“我就说‘叔叔阿姨，看看我妈妈出版社的书吧’。他们都说‘嘿，这小朋友有意思’，然后就很高兴地接过去了！”……

每次参加完订货会，月月都觉得很有成就感，因为她又见了好多人、好多书，还帮妈妈干了好多活儿，这让她深感骄傲。而且，她也在不知不觉间见识和体验了“职场”，知道了“工作”是一种怎样的状态，学会了做推销、发传单。耳濡目染地受到了“工作”的熏陶，“工作环境”对她来说也不是一个可望而不可即的词儿了。

有时候我在办公室看稿子，也把她带上。我告诉她可以带着自己的书，在我和叔叔阿姨忙的时候在一边看书。这样，办公室的环境和所有人的工作她都看在眼里，非常自然地就熟悉了这种不同于学校的状态，以后再面对这样的环境她就不会感到陌生和畏惧了。

在适当的时候，把孩子带在身边，让他很自然地学习你工作的状态（当然，前提必须是父母是敬业的人），这是对孩子最好的职场教育，也是父母很容易就能做到的事。

除了把月月带到订货会、办公室，我外出跟客户或作者见面应酬的时候，适合时也会带上她。一般她都在旁边静静坐着，看我怎么跟对方交流、探讨、商量。有时候人家有兴趣跟她聊天，她也不怕陌生人，就跟人聊起来了，有什么说什么，说得还挺带劲儿。这种方式她很喜欢，也觉得很有意思，每次可以见不同的人，聊不一样的话题，所以我一叫她她就很愿意出来。现在她还经常跟我提起当年聊过天的哪位作者叔叔、哪位编辑阿姨。如果回国正好碰上这样的场合，她还是乐意跟着，能聊的时候她就跟人聊，当然现在能聊的东西更多了。她说这是在为自己的写作积累能量，感觉很开心。

适应陌生环境，你要给孩子铺就什么情商底色

月月刚到美国读高中的时候，所在的迪尔菲尔德高中除了她，几乎没有中国学生。没有人主动跟她这个陌生的中国同学

说话，全都要她自己主动跟人搭讪。但她有段时间语言还没有过关，有时别人说话她听不懂，没法与人很顺畅地交流。那段时间她很苦恼，经常跟我打电话诉苦：人家说话听不懂，没法聊天，没有朋友，怎么办？这种交流的心理难关，几乎是每一个出国的孩子都要面对的。

但好在她从小性格比较外向，不害怕跟生人打交道，而且她从小到大也不停地见识了父母是如何跟人打交道的。我知道在这方面她没有问题，她面临的困难只是语言和东西方文化的差异。于是我安慰她不要着急，任何人到了一个新环境都有一个适应的过程，更何况是从东方直接到了西方。她需要时间适应美国的同学，美国的同学也需要时间适应。同时，我还鼓励她勇敢地上前主动跟人说话、交流。

语言的最好训练方式就是不停地张嘴说话，不要怕出错，谁也不是天生就掌握好几门语言。只有交流，才能让陌生的彼此尽快地熟悉、了解。只有了解，才会知道对方是怎样的人，才会愿意成为朋友。

月月很聪明，也比较坚强。所以她比较快就从这种心理难关里走出来了。每次见到外国同学她都会鼓励自己主动开口，逐渐地就能够跟他们聊天了，也有了朋友，慢慢地融入了学校的环境，还经常高兴地向我们汇报又交了一个怎样的朋友……

当然，如果在国内的时候我没有有意识地给她那么多关于职场的训练，她可能不会适应得这么快。她进了大学之后也跟我说过，有许多中国同学，大学四年都没有走出中国人的圈子，不懂得也不愿意跟外国的同学接触，失去了很多学习和交流的机会。

其实，在国外的环境里，我们应该鼓励孩子尽量多地跟来自不同国家和种族的同学接触，让他们了解不同的文化、生活、价值观，认识更广阔的世界，成为视野和心胸更开阔的人，这是我们把孩子送出去的初衷。只有让孩子接触交流得更多，才能让他们有更多的机会和意识自我修正，知道自己应该并且能够从别人身上学到什么。

适应陌生的自然环境和人文环境，对每个孩子来说都不是容易的事。能不能比较快、比较容易地克服，除了孩子本身的性格因素以外，父母的鼓励和适当引导也很重要。父母要尽量理智地帮孩子分析困境，也要鼓励他用理性的态度去看待和解决遇到的问题，不要被陌生的环境带来的失落和挫败感打倒。

适应过程难吗？要说它难就难，要说简单也很简单。关键要看父母从小给孩子铺就一种怎样的情商底色。

孩子没那么娇弱
——因人而异的抗挫教育

对孩子的教育是因人而异的。不管是婉转呵护，还是直接斥责，只要孩子能接受而且奏效就好。教育的水平，就体现在“度”的把握上。

“虎妈”蔡美儿在美国刚开始火的时候，我就从女儿那里知道了她，而且开始关注她的教育理念和教育方法。这世界上每一个个性鲜明的孩子和每一位个性鲜明的家长，都是一本值得好好深读的书。我们从每一个千姿百态的成人或孩子身上，都能学到让自己和孩子受益的道理。

女儿告诉我，在美国，虎妈受到了很多质疑和批判。因为在非常注重孩子心理感受的美国父母看来，这样一个骂女儿“垃圾”、要求每科成绩拿A、不准看电视、琴练不好就不准吃饭的妈妈是不可思议的，也是不能容忍的。

这些年，通过对一些工作上的合作伙伴、留学移民的同学和朋友的观察和了解，也通过和已经在美国生活多年的女儿的交流，我比较清楚地认识到中国父母和美国父母在教育孩子方面的最大不同，也差不多是虎妈和美国父母最大的不同，那就是她认为孩子是能承受压力的。

但美国父母的观念恰恰相反。他们认为孩子不能也不应该承受太大的压力，童年应该轻松快乐地度过，孩子不想做的事情父母不要去强迫他。他们非常重视孩子的心理感受。举个最简单的例子，如果要孩子减肥，中国父母可能会说："那么胖，难看死了，必须减。"但美国的父母可能就会非常婉转地表达："我认为可能苗条点儿会更好看，而且从健康的角度来说，瘦点儿好。"

了解孩子的承受度

当然，客观地说，从孩子的承受力和接受力来讲，可能美国父母这种表述方式更容易让孩子接纳和理解，但要完全做到像美国父母那样，对中国的父母来说是不可能的。因为我们从小就没被那样对待过。

而且，在我们的文化中，家是一个人最可以放松的地方，在家里最放松，讲话自然也就比较随意。比如孩子胖这件事，可能很多中国家长都是很随意很直接就说出来了，中国的孩子不会觉得特别不舒服。这就是教育大环境的差别。比如，有时候我在家里也会比较随意地说女儿，她不会在意；她也会很随意很直接地评价我："妈妈你的这件衣服真难看。"对此我也不会不高兴。因为我们生活的大环境毕竟和美国不一样，所以孩子和大人都相对没有那么"脆弱"。

月月从小我就不会刻意地对她小心翼翼，虽然她是个女孩子。我相信每个孩子都有承受度，只不过这个承受度因人而异。我一直比较注意月月的承受度。有一次她当众跟我顶嘴，被我当着很多大人的面狠狠教训了几句。当时她就哭了，哭得很伤心，她说："妈妈你不应该这么粗暴地对待我。"通过这件事我知道了这种度是超出她承受能力的，下次就一定会注意。

美国家长温柔呵护的做法，初衷在于保护孩子的心灵。这当然很好，但任何事情都有两面性。在接触了许多美国本土家庭的月月看来，他们的这种教育方式也有不少弊端。

在美国社会中，这样的问题有一定的普遍性，比如孩子的心理承受力比较差，不愿意面对激烈的竞争。"虎妈"也在她的书里说：美国孩子动不动就崩溃，看心理医生，就是因为从小父母对他们过度保护。但是从另一个角度看，在这样的教育环境下长大的孩子往往都比较有人格魅力，遇事不会只考虑自己，会从对方的角度考虑；对人对事都比较温和、宽容。和他们打交道会觉得很舒服。用爱教育出来的孩子自然会懂得爱，虽然心理承受能力相对差一些。

在“虎妈”看来，其实孩子没那么娇弱，有些压力也应该让他们承受。父母完全可以根据孩子能够接受的度，来衡量家庭教育的“施压”程度。在某种程度上我也赞成她的这种观点。有的孩子就是抗打击能力强，父母说他两句，他不但不会怎么样，还会一套一套地跟父母辩论呢；而有的孩子就比较脆弱，稍微说一句就情绪低落哭鼻子。

对孩子的教育是因人而异的。不管是婉转呵护，还是直接斥责，只要孩子能接受而且奏效就好。

教育的水平，就体现在对“度”的把握上。

自然生存能力训练要趁早

——是生存需求，也是人格锻造

表面看来，游泳、给班级买东西都是非常小的事，但其背后藏着对孩子人格的锻炼与性格的塑造。

我坚持认为，有些东西孩子是一定要学的。

比如游泳。我一直不会游泳，所以出差或者跟别人出去玩的时候，遇到有水的地方我尽量不去靠近，一是落水危险，二是万一不小心掉进水里，还得别人来施救，不光自己危险，也把别人拽进了风险里。

月月从小就会游泳。因为先生是个非常喜欢运动的人，所以他经常带女儿出去接触各种体育运动，游泳便是其中之一。月月在国内功课不忙的时候，经常跟爸爸去游泳。这样一路锻炼下来，她不但下水游泳没问题，而且蛙泳还游得相当不错，有好几次在游泳馆还有人问她是不是受过专业训练。这一直让她颇为骄傲和自得。

但是去美国后，女儿的这份小骄傲受到了一点儿打击。她有一次在电话里告诉我："妈妈，原来我在国内觉得自己游泳已经挺棒了，到了这里才发现，那都不算什么，同学里游得比我好的多着呢。我的水平只能跟美国的老太太相比……"

可见美国的游泳普及程度有多高，而且不光普及程度高，他们的平均水平也比我们高不少。

当然，我在这里不想讨论中美两国青少年游泳水平孰高孰低的问题。坦白讲，当初之所以全力支持、鼓励女儿学游泳，除了有先生的熏陶带动、考虑到锻炼身体的作用之外，最重要的一点是，我认为游泳是一项技能，拥有了这项技能之后，人在遇到落水危险的时候能够自救，也能向别人施救。这样不仅不会成为别人的包袱和累赘，还能向别人伸出援手。

求生能力也是一种责任感

现在很多父母在对孩子施以教育的时候，方法虽放在现在，但目光分明已经瞄向了若干年后的未来。考虑到孩子将来在社会上生存可能遭遇的种种问题，竭尽所能地训练他在社会上能够顺利生存的各种技能：如何处理人际关系，如何尽快适应新环境，如何提高做事效率……只不过可能对于很多中国父母来说，我们在重视孩子社会生存技能的同时，往往容易忽略孩子在自然环境中生存能力的培养。这有很多因素，可能和当代人大部分时间都生活在都市里，而中国刚刚开始的城市化进程又让大家觉得最好的生活的地方就是城市，孩子未来遇到危险的自然环境的可能性比较小有关系。

我一直希望女儿拥有求生的能力，不管是在社会上还是在自然中。

她非常喜欢旅行，也经常一个人去各地采风。对此我从来不担心，因为从小到大，我知道先生和自己给予她的训练和教育让她足以应付在旅途上出现的各种状况。而且，在必要的时候，她还能，也一定会帮助别人。

我一直鼓励女儿帮助别人，而且我也从来不在道德层面给她戴什么“公益心”的高帽子。我只是告诉她，帮助别人是一个正常人所必需的一项基本素质，你能帮助到别人，说明你具备某种能力，而且，我们自己遇到一些困难的时候，也同样会有人来帮助我们。每个人都不是万能的，有时候大家需要相互扶一把，才能继续往前走。

从心底里说，我希望女儿成为一个心怀公益、有社会责任感的人，一个大气的人，而不是只沉溺于自己一亩三分地的小生活里，关起门来朝天过。我自己也是如此，上大学的时候，学校组织献血，班上女生去的只有我一个；刚刚开始可以捐献骨髓的时候，我一得知消息马上打电话报名，但被告知自己当时44岁的年龄已经不适合捐献了，我还觉得挺遗憾。因为我一直都觉得类似献血、献骨髓这种对自己只有一点儿损失，但是却能挽救别人生命的事情，是非常有意义的。所以自己从不吝于去做，同样我也鼓励女儿去做。

她在这方面一直都很让我欣慰。在美国读高中时，她就参加了学校的义务献血，而且都没有告诉我们。直到后来放假回国，闲聊时才跟我淡淡地提起。我问她感觉怎么样，她说献完之后挺累的，想睡觉，不太舒服。但后来学校再组织她又去了，因为觉得这是好事，不会因为一点儿小小的不舒服就不去做。她还去考过美国的救生员资格证……

孩子服务意识背后的大格局、大气象

从小到大，我一直都认为，并且一直努力培养女儿成为一个具有服务意识的人，不管是对她周围的人，对她所在的班集体，还是对这个社会。这是我在教育她的过程中最看重并且一直坚持的一点，而且没有因为周围环境的任何变化或者干扰而改变过。

有时候和朋友聊起来，说到社会上的一些现象，有人会感叹：“不能让孩子太爱管闲事，不能让孩子太仗义，这样会吃亏。”每到这时，我还是习惯性笑笑，什么都不说。但我心里的原则不会改变。不管社会上的大环境如何，我还是不愿意孩子成为一个小气、吝啬、不愿意付出、对集体和社会没有担当的人。

月月小学时，有一次教师节，她回来问我：“其他同学都给老师送礼物，我是不是也应该送？”我当时也比较为难，一方面觉得教师节孩子对老师表示一下心意无可厚非，另一方面又觉得老师比较年轻，不知道送什么合适。后来母女俩想了半天，想起家里有一枚新的胸针，送给老师挺合适。于是，第二天月月就把这枚胸针带去学校了。当时老师当着很多同学的面把礼物收下了，但过了两天又单独把她叫到办公室，把胸针还给了月月，并且跟她说：“老师不需要你们送礼物，因为你们都没有收入，爸爸妈妈挣钱也不容易，这份心意老师领了，但是要把东西给爸爸妈妈拿回去。”

后来，关于送老师礼物这件事，这位老师还专门在班上跟他们强调了一次。老师说：“你们不需要给老师买礼物，你们好好学习、努力为班集体做事就是给老师最大的礼物。现在咱们的教室里缺一面钟，大家看时间不方便，如果哪位家长想帮助班集体，就给咱们班买面钟吧。”月月回来把这件事情告诉了我，我马上说：“那这面钟咱们买。”我很快把钟买好让她带到了班里，老师还为这个事儿当众表扬了她。我觉得这件事情对女儿是个很好的影响，也觉得很庆幸，我们遇到了一位好老师。

看到这里，我知道很多朋友可能会说：月月的运气真好，遇到了这样一位明事理、懂引导的好老师。但我想说的是，从某种意义上说，孩子是一张白纸，个性的养成和塑造绝大多数时候需要父母完成。你想让这张纸上呈现怎样的图画？是有大格局、大气象，还是只关注自己一亩三分地的小生活？这是父母根据自己的具体情况做出的具体选择。

那些为了应试而忽略给孩子大情怀、大格局方面教育的父母，他们所扼杀掉的孩子的品质和能力，可能恰恰会是未来孩子走向社会最需要的，比如爱的能力、公益心、好奇心、公德心、创造力、主动性、独立思考、合作精神……

表面看来，游泳、给班级买东西都是非常小的事，但其背后藏着对孩子人格的锻炼与性格的塑造。给孩子“牺牲自己一点儿东西，造福别人、服务别人”的观念很重要，父母的言传身教也很重要：如果你是特别吝惜自己的人，孩子也就会是；如果你不是，孩子自然也不是。

第五章

远方：步履不停

无论父母还是孩子，

出国留学的决定最好是建立在

理性分析和思考的基础之上，

同时，

要以孩子充分了解出国留学是怎么回事为前提，

而不是盲目跟风赶时髦。

不可懵懂留学

——理性判断，慎重决策

让孩子出国留学并不是为了“赶时髦”，而是父母基于对孩子性格的了解和父母对教育选择的一件水到渠成的事情。

这些年，出国留学在国内越来越热，而且出现了留学低龄化的趋势。只要家庭条件允许，送孩子出国留学，是我一直赞成并且推崇的做法。只是要提醒一点：无论父母还是孩子，出国留学的决定最好是建立在理性分析和思考的基础之上，同时，要以孩子充分了解出国留学是怎么回事为前提，而不是盲目跟风赶时髦。

我听过不少留学的故事，有不少家长都是因为家庭条件好，在孩子很小的时候没有经过慎重考虑就把孩子送出国上小学、上中学，结果因为孩子太小，自制力不够强，在国外又面临诸如语言、生活习惯等很多难题，其中有的孩子忍受不了生活的不适应带来的痛苦，跑了回来；还有的孩子贪玩又自制力不够，跟着大孩子学坏了。盲目选择出国留学的结果是不仅浪费了父母的钱财，还浪费了孩子最好的学习和成长的时间。

所以，如果家长确实希望孩子出国读书，从我的体会和经验来说，除了这个决定是建立在全面的理性思考基础上之外，在出国前，家长还应该给孩子以下几方面的教育和指导。

首先，应该在公民素质方面给孩子提醒、教育和强化，比如诚信、平等、包容、公益心、责任感等。月月进了耶鲁大学之后，有时她在国内读大学的同学会让她帮忙写某方面的英文论文，这种要求在女儿看来是超越她的底线的，所以遇到这种请求她一概都委婉地拒绝了。她这样有时还会引起同学的不满，觉得她太小题大做了。但如果我们的孩子带着这种习惯去国外留学，是要吃大亏的。

如今网络发达，我们经常能在网上看到一些关于国外学校如何“惨烈”惩罚作弊学生的事件。2012年8月，美国哈佛大学爆出超过125名学生涉嫌在期末考试中存在“抄袭答案与不正当合作行为”的消息。哈佛大学校规对作弊行为有一系列惩罚措施，其中最严重的是勒令停学一年。2011年8月，在英国巴斯大学举行的一次雅思考试中，3名中国留学生因涉嫌考场舞弊而被带到当地警察局，其中2人被确认为代替他人参加考试，被正式起诉。

在国外，几乎每所学校对作弊行为都是“零容忍”。比如美国的斯坦福大学制定了“荣誉行为准则”，明确规定学生“在考试中不得给予或获取帮助，不得在作业、呈交的报告或者任何教师打分的工作中接受任何未经允许的帮助”。初次违反准则的学生，将面临停学四分之一学年和40个小时社区服务的处罚；对于无可挽救的行为，学校将给予开除处分。宾夕法尼亚大学则规定了“作弊记录雇主可见”，学生违反学术公正将会被永久记录在案，以后的雇主也会看到你的记录。这就意味着，一次学术上的作弊行为，将影响终身的发展。据统计，在美国，已经有100所以上的学校制定了类似的“荣誉行为准则”。

其次，让孩子独立自主，家长能放手就放手，不要过分包办。如果想让孩子出国留学，就要比较早地让他有独立的意识和习惯，比较早地让他习惯自己面对问题、解决困难。否则到了国外，一切都要自己来，没有提前接受锻炼的孩子怎么受得了？所以，家长们与其到时候在国内替孩子着急，倒不如提前培养孩子处理问题、面对困难的能力。

我们就是这样训练月月的。我们比较早地有意识地让月月自己处理一些问题。申请美国学校的时候，因为我和先生英语都不好，所以除了请国外的朋友、同学给她写推荐信外，也帮不上其他的忙。所有关于申请的细节准备工作几乎都是她一个人完成的。

最后的结果和事实也证明，月月之所以能够顺利申请成功，推荐信不是起决定性作用的因素，最关键的，是她自身的个性和能力赢得了学校的认可。

父母最好比较早开始培养孩子的独立能力。临阵磨枪的做法不太可取。我在各地做留学演讲时，有不少家长带着孩子一起来，但到了一对一咨询或者交流的时候，却很少看见孩子自己来跟我交流，基本都是爸爸妈妈上前来问，孩子在旁边听。有时候我问孩子："你有什么问题吗？可以自己提出来。"这时家长往往马上把话头接过去："孩子太腼腆，不爱说话。"一到这时候我的感受就特别深刻：为什么说出国是理性的选择？如果是特别听话、乖巧、温顺的孩子，我认为其实是不太适合出国的。

我的一个同事的孩子，在国内温顺乖巧，学习很努力，是典型的乖乖女。因为母亲是英语专业毕业的，孩子英语也很好，很顺利地去了美国留学。但到了美国之后，这个女孩的适应能力很差，有段时间天天给妈妈打电话，还在电话里哭。可是父母远在大洋彼岸，鞭长莫及，真是干着急没办法。她父母只能天天在电话里安慰她。光电话费就是一笔非常昂贵的支出不说，关键是那段时间国内国外都不安生，父母孩子都不舒服。

再次，留学应该是孩子和父母共同而理性的自主选择。这个选择是共同的，既不能是父母一厢情愿的意愿和想法，也不能是孩子一意孤行的决定，而应该是父母和孩子在充分沟通、交流的基础上做出的一致决定。这个选择是“理性的”，既不是因为你身边所有朋友的孩子都出国了，只剩下你的孩子，而感到面子上不好看，也不是因为出国“镀镀金”回来就好找工作，而应该是父母和孩子基于一个共同的发展目标、经过严谨分析后做出的决定。这个选择是自主的，是出自理智和现实的，而不是被某些人和事“迫使”做出的。

家长最好比较透彻地了解国内外教育的不同、它们各自的特点及差异。只有家长首先做好功课，对留学这件事了解清楚了，才能不盲目跟风。然后才是如果选择国外教育，它为什么好？好在哪里？让孩子了解。孩子了解之后，如果他还愿意去，那才算是形成了他真正的自主性，他也才会有自发的原动力朝这个方面努力，而不是在父母的一厢情愿和强迫下出国，为了父母而留学。

在留学讲座上，很多父母告诉我孩子不愿意出去。我就建议他们，如果有机会、有条件，最好安排孩子出去短期交流一下，现在国内这种短期的游学项目很多。有了亲身的感受和体验，孩子才能产生情感上的意愿。有些父母听了我的建议之后果然送孩子去短期游学。后来有不少父母向我反馈说孩子游学回来以后，坚决要求出国留学。在这种情况下，出国留学就变成了父母和孩子的共同意愿，孩子的自觉性和能动性会大大增强，“留学任务”执行起来也容易知己知彼，父母和孩子都会受益。

总而言之，让孩子出国留学并不是为了“赶时髦”，而是父母基于对孩子性格的了解和父母对教育选择的一件水到渠成的事情。我觉得这是一种最理想的状态。在这个过程中，父母自己也要具备国际化视野，有开放的心态，而且要始终以这样的方式教育孩子，潜移默化地影响他，那么出国对孩子来说就是水到渠成的事，他也会知道在国外如何才能够生存。

所谓“早一点儿出去好”也只是一个相对的说法，只要孩子适应性好，主观意愿强，本科时期出去，甚至研究生时期出去，一样可以获得好的学习条件和发展机会。如果孩子就是一直不想出国，那也没什么，出国留学并不是孩子获得健康、快乐、全面发展的唯一途径。

见识比知识更重要

——培养孩子收集信息的能力

> 无论什么信息，都得让它为我们的目标服务，而不能被纷乱芜杂的各种说法弄得晕头转向，忘记了初衷。

很多成功的人，并不是因为他们在天赋、学识、能力方面比别人出众。有时候，可能仅仅是因为他们知道信息的时间比别人早。在某种程度上，见识往往比能力更重要。

让我有如此感触的是女儿的亲身经历。她在高中时就比较顺利地申请到了美国著名的私立高中迪尔菲尔德。后来有很多人都在问我们是如何申请到这样一所好学校的，而且还是全额奖学金。因为在2005年，国内学生能直接申请美国高中对很多国内的家长和孩子来说简直就是天方夜谭。包括我们很多在美国生活的朋友，他们的孩子在美国上学，竟然也不知道国内学生可以直接申请美国高中，而且可能得到奖学金。而我们就恰恰有一个机会得到了这样的信息。所以，从某种意义上说，是因为知道了这个信息，我们才帮女儿抓住了这个机会。

我在前面也提过，其实那个时候我们的信息也不太灵通，只是比较早地决定了要送女儿出国留学，但具体什么时间出去，本科还是研究生，还处在一个观望的阶段。我自己也是在看过了《哈佛女孩刘亦婷》之后，才知道在国内可以直接申请美国的大学本科，接着就比较注意让女儿去上新东方的课，同时也在网上了解一些申请本科的相关信息，知道了最好要考SAT（学术能力评估测试），接着我们又看考学术能力评估测试要参加怎样的培训，看到上海有学术能力评估测试培训班，我就送月月去上海上课。就是在那个班上，女儿听同学说可以直接申请美国的高中，上海有一个女孩就申请成功了。于是，月月就问人家如何申请……

这件事后，我先生非常感慨地说："见识比能力更重要。"很多事情不是我们没有能力和条件去办到，而是缺乏见识和主动意识。信息知道得早，我们便行动得早，而有时就是因为早行动了一步，便得到了成功之神的垂青。

女儿有一个高中的学姐，1994年就申请去了耶鲁大学。那也是一个很偶然的机会，她了解到有GRE（研究生入学资格考试）成绩和托福成绩就能直接申请国外的大学。因为她学英语比较早，在英语方面知道得比别人多比别人全，所以就去尝试着考了GRE，然后凭GRE和托福的成绩顺利地申请到了耶鲁大学。所以，有很多事情是我们了解信息的问题，不是能力的问题。

如何快速收集孩子需要的信息

针对这个问题，我的建议是：时刻想着自己的目标和方向。无论什么信息，都得让它为我们的目标服务，而不能被纷乱芜杂的各种说法弄得晕头转向，忘记了初衷。

我在留学讲座中曾遇到过这样一位妈妈：她的儿子都已经出国留学好几年了，她还一直坚持听各种留学讲座。我问她：为什么？她说："我的目标很明确，儿子虽然出国了，但他依然需要我的帮助。关于留学以后的知识，我不懂，通过听留学讲座，我可以积累有用的经验和信息供儿子参考，这样他可以少走很多弯路。"

这位妈妈让我特别敬佩的地方不是她的坚持，而是她甄别信息的能力。面对主题各异的留学讲座，在纷繁芜杂的信息中，她总能根据自己儿子的具体情况去芜存真，挑出那些真的对儿子有用的信息提供给他，帮助他更好地在国外发展。

而她的故事，或许可以给面对海量信息的家长和孩子一点启示：只要确定了自己的目标——要去哪个国家，就读什么类型的学校，倾向于什么专业……这些一旦确定了，分辨何种信息对孩子有用或许就不是那么难的事了。如果对网上查询的信息还是存有不确定感，现在通信如此快捷，直接打电话、发邮件给学校也不是什么难事。如果条件允许，找个时间，或者孩子自己，或者家长陪着，去目标之地游学，实地考察感受一番，相信去了以后得到的信息会更确凿。

无论如何，关键是确定好目标。

『一箭多雕』的留学路

——既仰望星空，亦脚踏实地

> 我始终认为，送孩子出国，是应该有一个目标，有一个理想，让孩子去追求的。这绝不是一个居家小日子的理想。

出国留学，应该有一个理想和目标。

我们现在所处的社会大环境，大家的跟风心理都特别强。在出国留学这件事上跟风尤其严重。我接触过好多出国留学的孩子，包括已经从国外大学毕业回国工作的孩子。他们当中有很多人当时出国的时候，家长都是抱着“我们经济条件也不错，别人家孩子都出国留学，我们也得送”的想法，这些家长其实对孩子留学并没有明确的目标，就是凭着一股攀比的盲目“勇气”把孩子送了出去。孩子在留学前和留学后，都没有得到父母相应的教育铺垫和观念树立，懵懵懂懂地出去，懵懵懂懂地上学，再懵懵懂懂地毕业，留在国外工作或是回国。

我觉得如果家长和孩子没有完全想好留学这件事情的意义何在，没有确定去国外是为了吸取更多的价值观方面的东西，或者没有想到要吃一些苦，得到一些锻炼，将来要做一番事业；如果像很多家庭那样，就希望孩子过得开心点，将来比较轻松、稳定，日子平平淡淡，不需要去奋斗，出国留学只是一种观念和生活态度的话，其实没必要送孩子出去。因为孩子在国外待几年能够得到的生活，在国内一样可以得到，何必劳神伤财呢？

追逐梦想的飞翔

我始终认为，送孩子出国，是应该有一个目标，有一个理想，让孩子去追求的。这绝不是一个居家小日子的理想。在送女儿出国之前，我们就跟她交流过这样的想法。我们其实一直不太希望她将来过小日子，找个好工作、嫁个好老公就可以了。我们希望她能够心怀家国天下，能有一种追求——不管个人能力是大是小，将来要为中国、为社会做一点儿事情，要成为一个大气的人。

女儿非常认同并愿意接受我们这种价值观。所以她一直在向这方面努力。她大学毕业找工作，之所以选择记者这行，除了热爱写作之外，她自己也一直希望能在力所能及的范围内从事一些对中国、对社会有价值的事情。

作为一名曾经的美国媒体的记者，她那时候大概80%的报道都是关注美国如何认识中国，探讨美国为什么这么看中国，希望在这方面有深入的了解和研究。对此，我们很认可，也觉得她这种想法很好。她着意观察、采访、探讨中国留学生在美国遇到的文化冲突，描绘中国留学生在美国社会的真实心态，并结合当下中国的一些现状进行分析。读了她的稿子之后，许多人给她发邮件、跟帖，其中有中国人，也有外国人。中国留学生向她倾诉自己在美国看到关于中国的负面报道后那种既不好受又无奈的纠结心情，外国人则表示也许之前对中国留学生的判断和看法是非常片面的，感到内疚……

这些反响让月月觉得非常振奋，她开始觉得自己做的这件事情非常有价值，能让很多人理解并反思融入和接受的障碍，开始站在对方的角度考虑问题，成为中美彼此沟通的中介和桥梁。这是她愿意做的事情，让她觉得很有成就感。

女儿跟我说过好几次，她非常喜欢编辑部的环境，在工作中她找到了自己的价值，也很有职业的自豪感。在她还是实习记者的时候，每天下午5点多一点儿就可以走，但是其他编辑记者一般都会忙到7点才走。其实他们收入普遍不高，但女儿说他们的那种状态很让人感动，就是以能在那里工作为荣的感觉，和这样的同事一起工作，真的有追逐梦想的飞翔之感。

曾经，在2012年的新年寄语里她说：2011年没有虚度，希望2012年也是一样。

看到这些，我很欣慰，因为女儿正朝着我们希望她去的那个方向越走越远。

“吃苦”是锻炼，完全不必舍不得

当然，她在国外也会遇到一些难处，有些甚至是想象不到的困难，但是这些事情都很有意义。既然决定把孩子送出去，其实就应该是做好准备要吃苦的。不是去“镀镀金”就回来，而是有一个志存高远的理想，不管最后能达成多少，都应该努力朝着这个目标去奋斗。吃苦、付出、承受困难和挫折，这些都是实现目标的必经过程，也都是孩子在成长过程中应该接受的锻炼，父母完全不必舍不得。

在交流会上有许多妈妈跟我诉苦说，看着孩子在国外吃饭、上课、打工、写论文连轴转，自己很心疼，感情上一冲动就想多给钱，不让孩子再受这种苦。我倒完全不这么认为。打工就是辛苦吗？妈妈这边看不得孩子忙得脚不沾地，孩子那厢没准儿还乐在其中呢。

对几乎每个出国留学的孩子来说，打工都是留学生涯中一种别样的人生体验。能够凭借自己的劳动获得报酬，还能提早接触职场江湖，锻炼待人接物的交际能力，同时还能练习语言，一箭“多”雕，这是多么好的事情！妈妈应该骄傲还来不及啊。如果非得认为这是“苦”，那对孩子来说，这种“苦”多点儿也无妨。

在美国时，月月租房子住，室友是个外国女孩，性格和她有点儿不太一样，有什么话不喜欢说出来。月月性格中有大大咧咧的成分，所以在许多生活细节上有点儿大而化之，而室友就不同，有时候她有些意见，脸色就不好。月月给我打电话说这件事，我劝她，与人相处就得互相包容、磨合，尤其是同处一个屋檐下，两个人要密切相处，就更应当学会如何跟人家沟通并处理问题，这也是一种锻炼。

好在女儿不是那么情绪化的人，她很理性，也很愿意面对问题，会反思，也能调整自己。过一阵她再给我打电话的时候，告诉我已经和室友磨合得很好了。不同的生活方式，如何处理意见，在自己需要的基础上为别人考虑……这都是她在这个过程中学到的东西，如果没有经历这个过程，就学习不到这些。

出国就是为了让孩子经历，吃一些苦，受一些磨难，遭遇一些挫折，这都是再正常不过的。所以家长在这个过程中应该给孩子一些鼓励，让他能够一路走来不断自我激励，自我宽慰，自我平衡，同时还能坚持不懈地向目标进发，我们也就达到了培养的目的。

“推”一把孩子

——做狠心的老鹰式父母

该狠心就狠心，该放手就放手。孩子总归得断奶，不能什么事情都替他担着。动物都知道把长成后的小崽往外推，更何况我们人类？想要让孩子独立，“推”是必须要走的一步。

很多中国留学生的家长现在很容易“小事化大”。比如，他们看到美国校园枪击案的新闻，就会马上开始担心孩子的安全问题。其实稍微理性分析一下，就知道这是很偶然的小概率事件，完全没有必要放大。还有就是对他国文化的不理解和不放心：孩子到那里会不会染上坏习气？会不会吸毒？会不会未婚先孕？……或者干脆就是舍不得，孩子多大都觉得还小。问他们究竟不放心什么，他们也说不出来。

在这个方面我的心得是：该狠心就狠心，该放手就放手。孩子总归得断奶，不能什么事情都替他担着。动物都知道把长成后的小崽往外推，更何况我们人类？想要让孩子独立，

"推"是必须要走的一步。

每年我过生日，女儿都要给我写一张贺卡。要去美国读高中的那年，她给我写了一封信，信的左上角还印上了迪尔菲尔德的校徽：

"看看左上角的校徽，去年我连它的名字都不知道，现在却已成为它的学生。年轻的脚步就是这么匆忙。嗨，真感慨。既然走上了不归路，就要走出个样子来，树立一个远大的目标。（双手做握拳状，双眼冒火）但是无论如何也会有一段艰难的时光吧？到时候想妈咪怎么办？呜呜呜。打个很俗的比方，老鹰总会把小雏鹰推出巢让它们学会飞翔，妈咪是不是狠心的老鹰呢？……"

看着这段话，我含泪微笑了。虽然言语间她的调皮和豁达历历在目，但能看得出来，面对全然陌生的大洋彼岸的另一个国度，她也有忐忑，有迷茫，有恐惧。作为妈妈，让只有十几岁的女儿独自走那么远去闯荡，我当然会有担心，但理智告诉我，不能在孩子面前流露出自己的情绪，不能把负面的东西传递给她，那样做会加重她因为未知和挑战带来的不安全感。于是，我笑着告诉她："对，我就是狠心的老鹰。没事的，你到那里肯定有一段适应期，但我相信你会适应得很好。我一点儿都不担心。"

还是那句话，我觉得母爱应该是比较理性的，婆婆妈妈的东西不能太泛滥。必要的时候，理性要压过感性。母爱太泛滥，对孩子的成长是不利的，尤其是对出国留学的孩子。牵肠挂肚的东西根本没有必要，除了给自己徒增忧虑，给孩子平添很多顾虑和烦恼之外，基本起不到什么实质性的作用。

所以我干脆不婆婆妈妈，微笑着送女儿出国，微笑着跟她通每一个电话，聊每一件事情，让她感觉到这个世界上没有什么事是大不了的，是不可以解决的。天塌下来当被盖。父母的胸怀开阔，孩子才会轻松、自信、舒展，他才能比较容易地离开你，分离的过程才不至于那么艰难。

有技巧地“唠叨”

孩子大了，翅膀硬了，飞向了更加辽阔的天空。这片天空里的云彩、雾霭、气流，都和他之前的生活环境大相径庭。除了要努力适应新环境之外，我想他的胸腔里一定还有更多的好奇心和探索心驱使着他每天忙不迭地看这看那，体会这体会那。当然，遇到什么不顺利或者挫折需要倾诉和帮助的时候，他一定会向父母求援。但是，在与出国留学后的孩子交流这个问题上，我的体会和感受是：该问的才问，该说的才说，有些事适合电话里说，有些话则必须当面才能讲。

和孩子沟通不是一件简单的事情，父母不要总是抱着“反正是一家人，有什么事不能说”的态度，尤其孩子越大，还在国外，父母反倒越需要很多思考和筹谋。跟孩子交流得讲技巧——在什么场合说合适，怎么说他才能听进去……尤其是在一些涉及工作、情感的大事上。

比如有一次，我和先生临时决定春节飞去美国看女儿。本来没打算去，就是因为临时有一点儿关于她情感的事，我觉得电话里没法说，邮件说也不合适，交流形不成互动，又觉得情感的事情对女孩来说特别重要，所以才决定去美国当面跟她谈。

当然我也没有一见面就直接说这件事情，那肯定会适得其反。父母总唠叨，或者在不合适的时间、地点粗率地“教育”孩子，孩子肯定会有“我都这么大了还教训我”的逆反感。所以直到我们快离开美国了，一家人一起喝咖啡聊天的时候，我装作不经意地提了提自己担心的事情，女儿也很坦诚地跟我说了她自己的想法，在十分自然的状态下，我们完成了交流。在这件事情上，她有自己的主见和立场，知道了她的立场后，我放心了。

所以，关心不是一味地追问和唠叨。任何教育，都需要有一个良好的沟通基础才能达到效果。而沟通，需要技巧，更需要用心。

第六章

见识：未来已来

父母和成年的子女都有非常自我的空间。

他们相互独立，

相互尊重，

不会过多干涉彼此。

但这又不是淡漠，

而是一种比较理想的家庭状态。

设定反方的『批判性思维』

——凡事不止一个定论

有了批判性思维，才会懂得任何事情并不只有一个定论。任何事情，都容许别人提出不同意见，容许辩驳，并且懂得这只是意见不同，而并非针对某个人的人身攻击。

女儿考进耶鲁大学之后，发生在她和写作课教授之间的一件事情，给我和她非常大的触动，尤其是对我的触动更大。

事情起源于女儿想写的一个题材：她刚刚进入著名的迪尔菲尔德私立高中时，周围的同学基本都来自美国的上流社会，家境非常好。这种环境中长大的孩子，骨子里一般都会有一种天生的优越感，有时会对身边人不自觉地表现出居高临下的态度。那会儿月月刚去美国，语言、生活、学习都处在一个艰难的适应期，也没有朋友，再加上十六七岁的年纪正好比较敏感，所以在那些优越的同学面前，她感到很失落，经常在电话里跟我说她这种心理上不太平衡的感觉。之前在国内的时候，这种情绪是从来都不会出现在她身上的。

面对这种情况，说实话，我心里有些担心，也有些着急。因为自己和先生在国内，什么忙都帮不上，只能替孩子干着急。

但着急归着急，理性让我告诉自己：我不能在女儿面前流露出一丁点担心和焦虑，我要多安慰她，鼓励她，给她打气，让她的适应期尽量短些再短些。我和先生大部分时间在电话中充当女儿的情绪垃圾桶和“治愈系”“激励系”朋友，但有时候忍不住也会说她：“你有点儿太不知足了，国内很多同学想去这样的学校读书还去不了呢。多想想这些人，你就应该特平衡、特知足才对……”

也许是那段时期的情绪低潮给女儿留下了非常深刻的印象，进入耶鲁大学后，在一次写作课上，她把自己的这种感受告诉了辅导她写作的教授。

耶鲁的写作课有一个很好的特点：每次题材写作之前，辅导教授会先拿出一定时间跟每个学生交流，然后再指导他们进入具体的下笔阶段。女儿说完了自己初到美国的感受后，教授问她：“这种感受是怎么引起的？”女儿形容了自己当时的境遇，她说是那种境遇让她感觉比较受伤，但不知道应不应该写。“因为我的父母说比我境遇差的人多着呢，我身处在这么好的条件中还有情绪，是不知足，这样不对。”

结果，教授告诉她：“感受就是感受，无所谓对或不对。你是怎么感受的，就怎么写。比如一个人在战争中失去了手，还有一个人双手和双腿都失去了。你总不能说失去手的这个人不能抱怨，因为还有人同时失去了手和脚。只失去手的人也有权抱怨……”

听完教授的话之后，女儿告诉我她觉得“很吃惊”。因为之前从来没有人这样对她讲过。

其实，从某种意义上来说，这位写作课教授教给女儿的就是一种批判性思维。女儿向我感慨：“到了美国我才知道什么是批判性思维。”我问她：“那你认为什么是批判性思维？”她回答：“对一个问题，大家可以自由发表不同见解，你可以赞同，也可以反对，只要能讲出自己的理由。但不能轻易批判别人是错的，是不应该的。任何事情都是可以讨论的、可以辩论的。慢慢养成这个习惯后，即便没有人跟我辩论，面对一个问题的时候，我也会给自己设立一个反方，自己与自己辩论……”

她的这番话，让我想起法国启蒙思想家伏尔泰那句著名的话：“我并不同意你的观点，但我誓死捍卫你说话的权利。”

有了批判性思维，才会懂得任何事情并不只有一个定论。

不会盲目地接受别人灌输的a+b=c的概念，而是会举一反三地思考：为什么a+b不是等于d或者e或者f呢？任何事情，都容许别人提出不同意见，容许辩驳，并且懂得这只是意见不同，而并非针对某个人的人身攻击。

坦白说，看到女儿身上发生了这样的变化，我既欣慰，又有些惭愧。因为我们从小到大从没有接受过这样的教育，自己本身就比较缺乏这样的思维模式，所以，几乎从没有给过她批判性思维的训练和培养。而现在，我们跟她谈论一件事情，她都会从自己的角度提出不同的看法，往往会提出意见和质疑。刚开始我和先生还觉得有点儿不适应，但慢慢地就觉得她这种“习惯于多种结论，把有不同意见看成特别正常的事情”的思维是一件非常好的事。这有利于拓展她思维的深度和广度。

所以，在这样一种思维环境中，月月没有那么容易不平和。因为当她感到不平、沮丧、愤怒时，她都可以自由地表达出来。每逢遇到不顺心的事情，她不会压抑自己的负面情绪，不容易走极端，因此，她成为一个快乐的人的可能性会比较大。

有时候，我和同学、朋友聊起来，他们也会感叹：“我也很想给孩子这样的批判性思维。但是限于国内的大环境和我们自身的水平，我们根本就做不到。”

我也是因为意识到了这一点，才赞同我的朋友们把孩子送出去留学。因为我们自己没有接受过“遇事要有批判性思维”的教育，所以即使想给孩子这样的培养和熏陶，也不知道从何做起，不得要领。

每一代父母都会有自己的局限性。所以，从这一点上来说，送孩子出去留学还是相对早一点儿比较好，比如初高中阶段。因为初高中阶段正是孩子的价值观和思维方式逐渐形成的时期，如果这个时候他们能到批判性思维的环境中去生活和学习，那形成这样的思维习惯会是顺理成章的事。但如果到了大学本科或者研究生阶段，孩子的价值观、思维方式都已经基本定型，这时候出去留学，虽然可以得到一些修正，但毕竟跟一开始形成时就打下的基础不一样。

尊重个体

——以每一个人为本

到了美国之后，女儿所经历的一切，才让我们更加深刻地体会到什么才是真正的“以学生为本”。

月月在国内读高中的两年时光，是在北京市甚至全国都非常有名的人大附中度过的。这所学校有非常好的素质教育传统，尤其是在学生会活动方面，它甚至超过了国内的许多大学。就是在人大附中学习和生活的两年中，女儿得到了非常好的社会活动能力的锻炼，为她后来顺利申请美国的高中打下了很好的基础。

只是，到了美国之后，女儿所经历的一切，才让我们更加深刻地体会到什么才是真正的“以学生为本”。这当然跟各国的教育体系有关，也和不同的文化及社会环境有关，但如果剥离掉这些因素，仍然有一些其他的东西，值得我们借鉴。

在美国的中学里，学校的所有教职员工都非常重视学生的感受，学校的几乎所有价值都体现在学生身上。在迪尔菲尔德时，月月曾在一个寒冷的下雪天在校园里遇到骑自行车的校长。那个白发苍苍的老人一见到她就热情地打招呼，还用非常蹩脚的中文说了句“好冷”。实际上，校长会跟学校的每一个学生亲切地交流，这是他们学校的常态。每年的毕业典礼上，每个人的名字，包括全名有好几十个字的名字，老师一个都不会弄错，念得非常准确。据说毕业典礼前，老师都要事先操练好多遍。

月月上大学时，耶鲁大学共有十几个学院。每个学院都是一个小的社区，大家住在一起，几百人在一个食堂吃饭。开学典礼结束时，她所在的学院院长与学生见面，开口就叫出了女儿的英文名字“Helen”。月月当时非常吃惊，院长也很幽默：“不要吃惊，我是努力记住的。”“那您知道我的中国名字吗？”女儿调皮了一把。“雨莘，对吗？”校长笑着回答。

……

后来，在经历了最初的惊讶之后，女儿慢慢习惯了，也渐渐理解了学校的这种做法。他们认为能让学生感受到学校对他的尊重非常重要。而且，他们也非常注意学生的心理状况。女儿大学时曾有同学自杀，全校同学会在晚上点蜡烛哀悼，在课堂上也会讨论这样的话题，大家一起回忆这个同学生前很多美好的画面。也有专门负责心理辅导的老师，在这样的事情发生之后，随时欢迎有需要的同学去接受辅导。讨论这样的话题时，大部分同学都不会指责自杀者的自杀行为。“那是他自己的选择。我还是想跟大家一起保留对他的美好回忆。”

这种人文关怀，我觉得恰恰是目前我们很多学校所欠缺的，是值得家长和学校都好好思考的问题。

语文教育就是人文教育

——国外文科教育给我的启迪

> 人文教育本质上是教孩子怎么做人，而不仅仅是怎么读书。读书，只是一种途径和方法。让孩子在作品中了解社会，了解人生百态，了解价值观，这些都是通过语文课传授的。

实事求是地说，在女儿经历过国外的高中教育之后，我的直接感受是：国内的理科教育还是很不错的，老师对知识点的讲解很清楚，训练很到位，学生的基本功都很扎实。而美国好学校的理科老师，有些基本的东西还有可能讲错。

但是，在语文教育方面，国内外的差异就比较大，这也是女儿对国内外课程模式差别印象最深的地方之一。她总是跟我说，美国高中的语文课和我们原来上的特别不一样。他们不太会抠词、句、阅读理解，而是老师指导学生大量阅读，先读作品，然后大家一起讨论。不懂可以提问题，大家讨论，老师给出指导和启发。在迪尔菲尔德两年的时间里，她在语文课上读了十几部名著，读过之后不停地向我感叹："为什么这么好的书我原来不知道?! "

看了她在美国的阅读书单后，我发现，其实这些高中的孩子读得非常深。好多在成人看来都有些晦涩难懂的作品，老师也叫他们去读。不懂可以提出来讨论，但是要读。这让女儿大开眼界，通过书里的世界，她了解了许多她应该了解而之前没能了解的东西，历史、地理、社会、文化……知道了每本书对文明史、对文学史、对社会学的贡献，对后代的影响，以及它们在人类发展过程中的意义。

最重要的是，她在语文课上学会了一种阅读的方式、阅读后思考的方式、通过阅读获得信息的方式。另外，老师还会针对某些具体的文章，和学生一起分析作者写作的方式与思路：他为什么写得好，我们如何做才能写得这样好……在这样有针对性的辅导和强化中，月月的英语写作能力迅速提高。

语文教育实际上是人文教育。人文教育是所有孩子都需要的——喜欢阅读也好，不喜欢阅读也罢。人文教育本质上是教孩子怎么做人，而不仅仅是怎么读书。读书，只是一种途径和方法。让孩子在作品中了解社会，了解人生百态，了解价值观，这些都是通过语文课传授的。美国的孩子从小学阶段就比我们的孩子读得深，这给我很大的震撼。女儿说，有些东西没有老师指导，确实读不懂，但是在老师指导后有时就会茅塞顿开，进而加深对作品的兴趣。

在中国悠久的历史文化中，有那么多优秀的文学作品，我们能不能尝试让孩子阅读更多的东西，打破所谓“阅读年龄”的限制，给孩子另一种语文教育和启发呢?

让运动成为一种生活方式

——不只是锻炼身体

关于运动这件事，我们是有目的性地运用，而对于美国人，则是生活中非常重要的一部分。

热爱运动，是那个从陌生到熟悉的国度给女儿的一份大礼，也让我受益匪浅。

美国人跟中国人对待体育运动的概念不一样。对我们来说，跑跑跳跳更多的是为了锻炼身体，而在美国，运动是全民的热爱。关于运动这件事，我们是有目的性地运用，而对于美国人，则是生活中非常重要的一部分。

迪尔菲尔德每年的毕业典礼在5月份。女儿毕业那年，我和先生去美国观礼。初夏的天气已经很热了，但还是有许多人在校园里跑步，大汗淋漓。他们的脸上一点儿忍耐和痛苦的表情都没有，反而看上去很享受。

月月在国内时经常被热爱运动的爸爸拉着去游泳，而且还经常被人夸奖游得不错，她自己也挺自得。但到了美国之后，她突然发现五六十岁的老太太都游得比自己好……而她的同学们，从小就被父母带着参加各种体育运动——棒球、篮球、高尔夫、骑马……他们的父母也是，不管到了多大年纪，都很热爱运动。刚开始这样的现实让女儿很受“刺激”，我记得她在博客里写过：“数学好又怎么样？全A又怎么样？体育这么差！”我看了之后笑了，知道她身体里那股倔强又被激发出来了。对此我没做任何评价，说心里话，我也希望这种刺激能让她成为一个运动健将。

渐渐地，每次放假从美国回来，月月都会非常主动地自己定期去游泳或健身。对她来说，游泳已经成了生活中不可或缺的一部分。几天不运动，可能身上就不舒服。她说有一个同学，每天必须万米长跑，一天不跑就很难受。她高中时的某个暑假曾把一个好朋友带到中国来做客，我们一家陪那个美国女孩去登长城。爬到一半的时候，女孩笑笑说：“我先上去，你们慢慢走。”结果，她爬了一圈回来，又陪我们爬一圈！她充沛的体力，让我们赞叹不已。

这是热爱运动给孩子们的礼物，不管来自哪个国家。我欣赏，且羡慕。

成为独立的『人』

——远离子女依赖症

相信每个妈妈都希望自己的孩子将来是独立的、自信的，有自己丰富的世界和空间。只是，如果你自己都不能成为这样的人，又如何能够要求在你的熏陶、浸染和潜移默化的影响下的孩子具备这些个性呢？

我去全国各地做留学讲座的时候，来到演讲现场的父母，除了带着孩子或者自己来咨询关于留学的各种注意事项和“窍门”之外，竟然还有相当一部分是来找我“诉苦”的。

这些父母有一个共同的特点：他们的孩子已经出国留学几年，或者是已经毕业留在国外工作。来找我的他们，尤其是母亲，往往一见我就看起来马上要哭的样子：“你现在有没有后悔让孩子出去？他要是真不回来了怎么办？我身边没有了他，都不知道怎么办好了……”说着说着，眼泪就下来了。

一到这时候，我往往先什么都不说，只是轻轻握握那些妈妈的手，我知道这时候她们需要的根本不是什么劝导，她们只是需要找个有相同境遇的人说说心里的话，找点儿“同病相怜”的共鸣感。她们把心里的难受向能懂的人说出来，就会好受多了。

其实我相信，如果再给她们一次机会，这些妈妈肯定还是会选择把孩子送出去。只要是对孩子好的，她们就会毫不犹豫地做出选择，这是全天下母亲的共同本能。

一般除了握握手，我还会在适当的时候告诉这些妈妈：“孩子有孩子自己的世界，爸爸妈妈也该有自己的世界呀。孩子都大了，出去寻找自己的人生、自己的世界了，我们也该有属于自己的生活。没有必要把自己的全部都寄托在孩子身上，他们在国外，我们在国内，我们应该和孩子们比比谁活得更好，那才带劲儿呢……”

在这个方面，我自己一直都比较注意向西方父母学习，没有把精力的重心百分之百都投入在孩子身上，非常警惕“子女依赖症”。

我女儿一个朋友的妈妈，从孩子一出生就把所有的心思全都放在孩子身上，用她自己的话说，从那一刻开始，“就没有了独立的自己”。孩子的世界就是她的世界，她的一切行为都以孩子的需要为基准线。孩子从小到大所经历的所有事情，但凡是对学习或者课外兴趣有帮助的，这位妈妈都竭尽全力做到百分之百。小学时有个暑假，她女儿和我女儿一起去参加野外夏令营，两个星期的时间，我和先生一次都没去看过，但这对父母不放心，三天两头去看。看到营地有蚊子，紧张得不行，蚊帐、花露水、风油精买一大堆送过去，最后想想还是不放心，干脆提前把孩子接走了。这个女孩高中毕业的时候，为了报考大学的事，他们家差点儿发生“家庭战争”。女孩想考外地的大学，但是父母坚决不同意，甚至讨论起如果女儿非要去外地，他们就考虑把家搬去那所大学所在的城市。结果，在女孩的坚持下，她还是去了外地读大学。这个女孩在去外地之前苦恼地向月月抱怨：“有时候我觉得不是我依赖我爸妈，而是他们太依赖我！”

这是子女依赖症的典型表现。

我有一个中学同学，结婚后与丈夫性格不合，30多岁时离婚，没有孩子，一直一个人过。其实，我们都觉得她一个人的生活挺好的，自己安排得有滋有味、丰富多彩。只是有一次，我接到了她的一个求助电话，让我觉得挺无奈：她让我打电话给她70多岁的妈妈，向她妈妈撒一个谎，说她是跟我一起去旅行，而不是跟她妈妈不相信的人去，否则她妈妈死活不放心。那一年，我这个同学都40岁了。

这个忙我当然得帮。一个40岁的女人，还因为这样让人哭笑不得的理由不能去旅行，也太可怜了。知道是跟我一起去，电话那头的老母亲很满意也很放心，还不停地嘱咐我要照顾好她女儿。我礼貌地向她“承诺”，心里却有些哭笑不得：这可怜又可笑的母亲啊……

相信每个妈妈都希望自己的孩子将来是独立的、自信的，有自己丰富的世界和空间。只是，如果你自己都不能成为这样的人，又如何能够要求在你的熏陶、浸染和潜移默化的影响下的孩子具备这些个性呢？每个孩子都是父母的作品，艺术家本身不具备的素质和情感，又如何能够反映在作品身上？

父母是孩子的旗帜和标杆。让我们一起思考如何去做才能成为孩子最好的榜样。

和孩子各自精彩

——彼此尊重，互不干涉

孩子出国学习发展对他自身来说是非常正确、明智的选择，父母不能单单因为自己的情感需要就把他再拽回身边，束缚孩子追求自己的职业梦想。

因为孩子在国外已经大学毕业并开始工作，所以我的交往圈子里出现了很多跟自己类似的父母。有时候大家碰面，聊得最多的不是孩子在国外的适应问题、学习问题，而是聊那些与孩子留学毕业在海外工作相关的更加现实的问题。比如有许多像月月一样留在国外工作的孩子的父母开始抱怨：“早知道不让他出去了，现在倒好，就这么一个孩子，还不能陪在我们身边，白养了……”

这种幽怨的心态，我基本上没有。没有的原因是基于一种理性的心态：孩子出国学习发展对他自身来说是非常正确、明智的选择，父母不能单单因为自己的情感需要就把他再拽回身边，束缚孩子追求自己的职业梦想。这是原因之一。原因之二是，我觉得父母和子女都是独立的个体，尤其在子女成年之后，不应该相互依赖，大家都有自己独立的空间和生活，是最理想的状态。

在这方面，我觉得那些美国父母的状态就特别好。他们的生活都过得非常独立、丰富多彩。女儿好朋友的奶奶、姥姥，七八十岁的人，两个老太太都离婚了，都是一个人住，只在过节的时候跟孩子约好团聚，她们生病了孩子也回去照顾，但平时都是大家各自独立生活。老人的精神状态也都非常好，不会觉得孩子非得在自己跟前，不在就觉得了无生趣。这种心态和状态，都值得中国的“空巢”父母学习。

现在，月月虽然在北京工作，但并没有住在家里。我和先生对这种“空巢”生活适应得非常不错。或者说，我们从来就没觉得自己“空巢”过。我是个工作狂，自己的工作很多很忙，忙得我异常充实，没觉得孩子不在身边就怎么着。至于先生，他的性格就是一个能够享受孤独的人，他喜欢打篮球，喜欢户外运动，也喜欢一个人在家里待着、做饭。我们自己的独立世界很丰富，我们不失落，不空虚，不需要把所有的情感都寄托在女儿身上。

女儿到了美国之后，因为跟几个美国的同学关系不错，经常到他们家里做客。她回来跟我交流时说，她觉得美国的家庭模式和中国的特别不一样——父母和成年的子女都有非常自我的空间。他们相互独立，相互尊重，不会过多干涉彼此，但这又不是淡漠——相对来说，她更认可和接受这种模式。

我也是。

第七章

分离：育儿当如待客

孩子成年后能否与父母保持亲密的关系，

其实更健康的是一种心理上的相互理解和认同，

而不是靠生活上的密不可分来维系，

那只是表面上的“亲密”，

度如果把握不好，

还容易让孩子有被干涉、被控制的感觉。

得体退出
——保有蓬勃的生命状态

真正的母爱，不是对孩子不罢休的占有，而是一场得体的退出。

这几年，我读过许多心理学方面的书，受益颇深。我也在不停思考：父母在孩子生命中扮演的角色，除了早年的抚养、青少年时期的教育，还有相当大一部分是在孩子成年后，究竟是期盼者、提出要求者、关心生活冷暖者，还是陪伴者和同行者？

北大才女赵婕的一段话一度在各种社交媒体上“刷屏”：“我钦佩一种父母，他们在孩子年幼时给予强烈的亲密，又在孩子长大后学会得体地退出，照顾和分离都是父母在孩子身上必须完成的任务。亲子关系不是一种恒久的占有，而是生命中一场深厚的缘分，我们既不能使孩子感到童年贫瘠，又不能让孩子觉得成年窒息。做父母，是一场心胸和智慧的远行。”我对这种观点非常欣赏，深以为然。

真正的母爱，不是对孩子不罢休的占有，而是一场得体的退出。正如尹建莉所说：“母爱的第一个任务是和孩子亲密，呵护孩子成长；第二个任务是和孩子分离，促进孩子独立。”

从物理空间上来说，月月与我们分离的时间比较早，高中时期，她就独自一个人去了遥远的国外读书，不同于现在许多孩子上大学之后才真正在物理空间上跟父母分开。但从我的观察和体会来说，与物理空间上不在一起的生活分离相比，孩子成年后心理上的分离，才是对父母更大的挑战。

我有个朋友的孩子，独生女，30多岁了，去国外出差需要赶早班机，她的妈妈还会在几百公里外的老家早晨四五点钟给她打电话叫起床，她出差在外的每一天都要跟妈妈发信息、发语音……其实这个女孩不是个例，我们每个人身边都有一大堆不同版本的亲情故事，这种关系温暖、亲密，让人舒服，很容易令人沉浸其中不愿出来。我们传统文化中强调的“母慈子孝”，可能有利于家庭和谐，但不太利于人的心理成长。我们的父母跟子女之间的关系，往往都比较黏稠，很多人几十岁了，生活上依然需要父母照顾，精神上仍旧没从父母处独立出来，没长大。

这与父母是有很大关系的。其实孩子成年后，就像迫不及待离巢的小鹰，此时更难接受分离的不是孩子，反倒是父母。因为很多父母，几乎所有的生活重心、计划和安排都是围绕孩子的，孩子一走，他们的生活也空了，所以才会电话、微信追着在外求学工作的孩子满世界跑，或者干脆跑到孩子身边，“照顾他们的生活”，其实是满足自己不能面对分离的需要。

这么看来，父母也是需要自我调整和二次成长的。在我的体会中，没有父母的自我成长，就没有健康的亲子分离，孩子很难走出共生，走向独立的心理状态。

除了阅读带来的启发和内省，月月也从她的留学生活中给我带来了一种更广阔的视野。她经常给我讲一些在美国遇到的有意思的人和事。读高中的时候，她有一位特别要好的女友，这个女孩经常邀请月月到自己家做客。她家隔壁住着一位芳名海伦的老妇人，八九十岁了，一个人住。只要看到月月去好朋友家做客，海伦就邀请“与她同名的小姐”（月月的英文名字也是海伦）和月月的好朋友到她的花园里摘菜，招待她们喝茶聊天。海伦文化修养很高，也非常幽默，每次拄着拐杖见到月月她们，都会强调：“实际上我不需要这个……”月月说，跟她聊天，完全不觉得是跟一个暮年老人交谈，她读过很多书，思维敏捷，不管谈什么话题，她的观点都睿智又犀利，丝毫没有落伍或者过时的感觉。

月月还遇到过一位90多岁、义务辅导年轻人写作的教授，给我的印象也非常深。他的写作公益课堂非常受年轻人欢迎，后来，因为身体原因，他眼睛看不见了，但仍然坚持给年轻人辅导。他说："我只是眼睛看不见了，但不影响我的思考和我的分享。"

这样的人，这样的人生，都给了我很大激励。他们跟我平时看到的、接触到的大多数老年生活很不一样，他们始终保持着一种蓬勃的生命状态，物质生活和精神生活都不依靠子女而继续。他们有独立的内心，也有独立的生活，他们的生命活力延续得长久而积极。在我看来，这是孩子成年后，父母得体退出后理想的、真正属于自己的生活。

这让我很向往。人生应该是这样过的。但如果不具备自我成长的能力，怎么可能会在八九十岁时保持那样的状态？

当然，也有很多朋友跟我说："我不敢把孩子撒手撒得那么彻底，要不然他慢慢地就跟我不亲了。"我倒觉得，孩子成年后能否与父母保持亲密的关系，其实更健康的是一种心理上的相互理解和认同，而不是靠生活上的密不可分来维系，那只是表面上的"亲密"，度如果把握不好，还容易让孩子有被干涉、被控制的感觉。我女儿什么都会跟我说，觉得我能理解她，这关键在于父母是否善于跟她沟通，是否是那个让她什么快乐和苦恼都可以共享的人。

你要能承担这样的角色，孩子与你的亲密就会保持得非常长久。这也是我对真正的亲密和分离的理解。

持续修复——永不放弃自我成长

人有没有自我成长的意识，有没有自我成长的能力，这对幸福的人生来说非常重要。

哈佛大学有一项从1938年开始、持续70多年的成人发展研究项目，名叫“格兰特幸福公式研究”。它是历史上持续时间最长，同时也是最全面的精神心理健康研究。

在研究进行的70多年间，他们追踪的样本包括268位哈佛大学学生和456位出生于波士顿附近贫困家庭的年轻男性，还有90位特曼女性样本。在长达几十年的时间跨度里，研究人员持续询问、记录他们的职业起伏、婚姻状况、为人父母、为人祖父母的生活，以及如何度过老年，试图分析幸福的人生究竟与哪些因素息息相关。

如果按照弗洛伊德的传统心理学理论，人的童年几乎决定着一生，那这项研究中的哈佛大学学生样本，无疑拥有近乎完美的“起点”：顶级大学里清一色的白人男性，体格健壮，心理健康，学业优良。当然，这些人进入中年之后，有许多人取得了巨大的事业成功，他们中有四个参加了国会众议员竞选，一个进入了内阁，还有一个成了颇具影响力的畅销书作家……但与此同时，截至1948年，268人中有20人出现或者经历过精神问题，而等他们普遍进入50岁时，已经有几乎三分之一的人经历过一次以上的心理疾病了。

再看那400多位来自波士顿贫困家庭的男性样本，无论从社会阶层还是经济状况看，他们的起点都远远低于前者——从小生长在缺少基本保障的环境里，成年后大多从事蓝领工作，很多人还有吸毒、酗酒等行为，出现过社会行为过激等现象，但几十年后研究人员却发现：他们中有相当一部分人在四五十岁时拥有了稳定的家庭、能够发挥自己能力的工作、健康的心理和价值感，与那些拥有优越起点，却在往后的人生中遭遇“不幸”的哈佛样本形成了鲜明对比。

为什么会这样？

如果按照弗洛伊德的理论，这一切是解释不通的。“格兰特幸福公式”在对这三种样本的追踪研究中发现了一条共同的成人发展路径：在一个人的一生中，首先是掌握亲密的任务，然后是职业巩固任务，最后是繁衍的任务。人如果拥有良好的亲密关系，那他拥有较好职业发展路径的概率就会大大提升。然后如果能做出繁衍性、创造性的工作，比如带团队、教育学生、做出有创造性的作品，就不仅可以成就自己，还能成就他人。这三项任务必须按顺序掌握，因为它们依次要求自我达到越来越复杂的整合水平：在大多数情况下，如果一个人没有先达成亲密，那么他在工作领域是很难成功的；而除非个体首先在职业上取得成功，否则很难成为一名导师并且带着繁衍性的关心去成就他人。构成美好生活的最重要因素并非富有、成功，而是良好的身心健康及温暖、和谐、亲密的人际关系。

这项研究还显示，人的自我修复力是很强的，在成长的过程中，心理健康和防御选择不是静止的，防御选择可以在整个成年期不断发展，成熟和抱持环境（能够使个体内在潜能充分发展的环境）的内化发生在成年，而不是童年。而且，防御选择也并不取决于社会阶层、教育程度或性别。这就充分解释了为何那些童年生活不堪的人成年后依然可以拥有健康幸福的人生。

在我看来，就是人有没有自我成长的意识，有没有自我成长的能力，这对幸福的人生来说非常重要。

亲密与分离

——父母独立，孩子才会独立

不在适当的时候与孩子进行心理的剥离，他就很难建立真正的自我，很难真正独立地面对他的人生和世界。

月月高中时独自赴美，现在独自在外生活，在心理上，我并没有过那种明显的分离感，也没有被孩子“抛弃”的空巢感。

我觉得母亲无论在任何时候都应该保持一种内心的独立，即使是在亲密关系当中——无论是在男女两性的亲密关系中，还是跟孩子的亲密关系中——都要有这种独立的意识。现在有很多年轻的女性选择做全职妈妈，是为了给孩子全心全意的陪伴，这很好，因为在孩子小的时候，亲密的陪伴非常重要。我当年研究生毕业找工作时，因为要自己带孩子，所以对工作单位的第一要求就是能够不坐班。我非常认可与孩子保持亲密关系的重要性，但同时，我也一直很警惕那种“无我的奉献”——妈妈完全没有自己，把所有的注意力和关注都放在孩子、老公和家庭上。

从月月小时候到现在，我一直比较忌讳被称呼“月月妈”，尤其是现在，在很多的分享会或者交流群里，大家的名片往往都是“某妈”“某爸”“某奶奶”“某姥姥”……用孩子的名字加孩子对自己的称呼表明自己的身份。因为我很介意这个，所以，即便是主办方或者群主给我标注“月月妈”，我自己也要改回“郭力”。我是个独立的人，有自己的名字，我不愿意成为孩子的附属品。

当我有了孩子，我当然是她的妈妈，但我不只是她的妈妈。女性有许多社会角色：女儿、妻子、母亲、姐妹、朋友、同事……在人生的某个阶段，我们可能会侧重于某一个或某两个角色，但我们不可能一直只扮演某一个角色，那样人生会失衡。

拥有亲密的亲子关系，对孩子安全感的建立是很重要的。但在亲密关系当中，只有父母依然拥有、保持独立的意识，才能给予孩子独立的意识。如果父母都没有独立人格，那我们如何去帮助孩子建立独立的自我？

我理解一些妈妈喜欢跟孩子黏在一起的心理。时刻有紧密的联结，这确实很温馨，很享受，母爱是本能，能满足本能的东西都会让人挺享受。但我一直比较警惕这个，因为我知道，不在适当的时候与孩子进行心理的剥离，他就很难建立真正的自我，很难真正独立地面对他的人生和世界。

父母要自我成长。孩子生下来时，你是这样的你，孩子长大后，你还是这样的你，肯定不行。我要求自己跟她基本上同步，至少不会相差太远。既然我们想把孩子培养成才，那培养到一定程度，其实我们就没法跟他们交流了，为什么？落伍了。她也不愿意跟你交流了，因为确实谈不到一起去。

很多父母并不是太在意这个，觉得差不多得了，我跟你聊不到一起又怎么样？我还是你爸妈！但我很在意。父母的自我成长，是跟孩子一直有良好沟通的路径。因为她成长我也在成长，她进步我也在进步，她在体验汲取这个时代最新的东西，我也同样。虽然我们彼此的感受和收获不尽相同，但会有话题，有碰撞，有互相的借鉴和启发。

同时，还要注意保持自己的独立性。孩子上幼儿园之后，我就全身心地投入工作了。前文也提到，很多工作我都是带着孩子进行的。我想让孩子看到一个敬业的职场妈妈：我有自己的事业，有自己的追求，有自己的成长，不用多说什么，这种“身教”本身就是很好的独立教育，很好的职场教育，也是很好的成长教育。

幸福是投入的副产品

——有愿心，无目的

每个人的梦想都是独特的。追求自己的梦想和初心更重要。

对于月月从事的工作、选择的生活方式，我和先生秉持着一贯的做法：不干预。她觉得自己的选择是比较符合现实的，我们不会勉强，也不会评价太多。

这毕竟是她的人生，不是我的人生，她有权利选择如何度过。

我曾经看过一段话，大意是：我们为什么要送孩子出去留学？是为了让他具备在任何不同的文化环境下都能生存下去的能力，是为了让他保有即使是名车豪宅也不能动摇，而甘愿乘坐公交去实现自己梦想的单纯……我觉得这段话说出了我的心声。

每个人的梦想都是独特的。我认为，追求自己的梦想和初心更重要。对月月来说，她属于那种精神需求更强烈的人，她愿意有很多时间博览群书，写自己想写的东西，这种生活方式我觉得挺好。人生之路漫长，环境的压力和内心追求的冲突，面对不同选择的纠结和踌躇，是每个人都需要面对的。每个人都有自己独特的人生节奏，在这个阶段停留的时间长一些，下一个阶段可能就快来了，不急。

在这个过程中，我基本上是一个跟她一起共享、探索的角色。这样的相处方式下，她会觉得舒服，也愿意什么都跟我分享。我很少给出建议，只会非常平等地跟她讨论某件事，适当给予建议，不让她有被左右的感觉，让她感觉我是一个可商量的人，而不是提要求和建议的人。

在名利上，我对她没有任何期待。我只希望她能做自己喜欢的、有价值的事情，保持独立人格，最重要的是内心快乐。而且我相信，有之前的教育和从业背景，任何事情她都会做得很好。

奥地利心理学家维克托·弗兰克尔曾说过，当投入地去爱一个人，去做一件事，幸福就会自然而来。

幸福是投入的副产品。

我相信我的女儿会拥有这样的幸福。

图书在版编目（CIP）数据

柔性的专断 / 郭力，张玲玲著. —北京：北京联合出版公司，2018.1

ISBN 978-7-5596-1296-0

Ⅰ. ①柔… Ⅱ. ①郭… ②张… Ⅲ. ①家庭教育 Ⅳ. ①G78

中国版本图书馆CIP数据核字（2017）第285384号

柔性的专断
作　　者：郭　力　张玲玲
选题策划：木晷文化
策划编辑：朱　笛
责任编辑：夏应鹏　谢晗曦
特约编辑：师丽媛
插　　画：张一凡
装帧设计：玛卡龙设计

北京联合出版公司出版
（北京市西城区德外大街83号楼9层　100088）
北京嘉业印刷厂印刷　　新华书店经销
字数130千字　　880毫米×1230毫米　　1/32　　7.25印张
2018年1月第1版　　2018年1月第1次印刷
ISBN 978-7-5596-1296-0
定价：39.80元